Erotismo y representación en Julián del Casal

Erotismo y representación en Julián del Casal

Oscar J. Montero

Almenara

Consejo Editorial

Luisa Campuzano
Adriana Churampi
Stephanie Decante
Gabriel Giorgi
Gustavo Guerrero
Francisco Morán

Waldo Pérez Cino
Juan Carlos Quintero Herencia
José Ramón Ruisánchez
Julio Ramos
Enrico Mario Santí
Nanne Timmer

© Oscar Montero, 2019
© Almenara, 2019

www.almenarapress.com
info@almenarapress.com

Leiden, The Netherlands

ISBN 978-94-92260-44-4

Imagen de cubierta: Gautier d'Agoty, *circa* 1759
Wellcome Library, London

All rights reserved. Without limiting the rights under copyright reserved above, no part of this book may be reproduced, stored in or introduced into a retrieval system, or transmitted, in any form or by any means (electronic, mechanical, photocopying, recording or otherwise) without the written permission of both the copyright owner and the author of the book.

Prólogo a esta edición 9
Prólogo. 13
I. La crítica como «amistad a la distancia» 21
   1. Lo sexual / lo erótico. 22
   2. «Sexualidad impura / erótica exaltada». 29
   3. «Un poderoso castigo» 42
   4. Dependientes y pederastas 47
II. Un autorretrato insólito 61
   1. «Nací en Cuba» 62
   2. «Déjame creer en tu impostura» 72
   3. La «patria lejana» 77
III. El valor de lo estético 85
   1. Fecundo/estéril. 86
   2. Mercado natural / neurosis moderna. 91
   3. De compras en La Habana de 1890 95
   4. La Derrochadora. 110

IV. En el circo: símbolos vivientes 121
    1. Marginación / recuperación 121
    2. «Las huellas de la propia personalidad» 129

V. Sacrificio 137
    1. Cuerpo / imagen 138
    2. *Mi museo ideal*: el marco de la imagen 140
    3. *Marfiles viejos*: fuera del marco 155
    4. «Horridum somnium»: La pesadilla del cuerpo lascivo . . 165

VI. Invertir (en) la estética 175
    1. Natural / artificial 176
    2. La mirada envolvente 179
    3. Interior / exterior 183
    4. La última escena 199

Bibliografía 201
    i. Julián del Casal 201
    ii. Sobre Julián del Casal 202
    iii. Sobre modernismo, fin de siglo y literatura y cultura cubanas e hispanoamericanas 205
    iv. Bibliografía general 208

Indice onomástico 213

A la memoria de Manuel Ramos Otero y los otros amigos muertos.
Al valor de los que sobreviven.

Prólogo a esta edición

> Solo te diré que no me creo el más desdichado de los hombres, ni tampoco me cuento en el número de los felices, sino solamente en el de los que participan de las cualidades de ambos[1].

Lo ocurrido en los años en que se escribió este libro se organiza en el caos de la memoria en dos polos sin dialéctica visible: la fiesta y el trauma. La fiesta, callejera y ecuménica, celebraba nuestras salidas de una serie de encierros. Los lugares comunes de su historia funesta son conocidos: el despacho del psiquiatra, el manicomio, la cárcel, la angustia maternal y la condena del padre. Por otra parte, el trauma fue un duelo sin tregua, cuando un mal espantoso resumido en siglas muertas, SIDA, aniquilaba nuestra tribu, condenada al encierro del hospital y en la mayoría de los casos, a la urna cineraria. En ese trance leía a Casal y sus representaciones de la enfermedad, buscando en sus ordalías el hilo de la mía. Gracias al trabajo pionero de Eve Sedgwick, empecé a entender los puntos de contacto entre la enfermedad representada por Casal y su erotismo «perentorio y decisivo» (Lezama Lima 1977: 73).

Se paliaba entonces el horror de la epidemia con las simpatías de la investigación, la solidaridad del activismo, el cariño de la mano extendida del amigo. En CLAGS [Center for Lesbian and Gay Studies], organizábamos charlas y simposios; se debatía con energía y convicción, a veces con furia, la pertinencia de los nombres heredados

---

[1] Carta de Casal a su hermana Carmela Casal de Peláez, febrero 26 de 1893 (Casal 2017: 21).

para definir nuestras identidades. Se proponían y se cuestionaban nuevos términos[2]. Algunos de los individuos que dieron voz a esos debates han desaparecido; otros fueron añadiendo sus esfuerzos a una bibliografía ilustre, que sigue ampliándose. Hoy día se celebran victorias y se enfrentan otros horrores en un ambiente muy diferente del de aquellos años. Para esta edición he hecho correcciones y añadido algunos títulos a la bibliografía, pero no se trata de actualizar una lectura que se hizo en un contexto pasado. Sin embargo, gracias en parte a las rutas recorridas, hoy se reconoce mejor el carácter precursor de Casal. Se vislumbra su sombra en la labor de paseantes de mirada ávida, atentos menos al fulgor de los centros que a las penumbras de sus orillas.

Para Enrique José Varona, crítico y maestro insigne, los artefactos en la poesía de Casal «no pertenecen a nuestra historia» (1890: 28). Varona sabía que sin afirmaciones de pertenencia y exclusión, centros y periferias, compromisos y evasiones, no hay república. En uno de sus márgenes, inscribió Casal, con la energía de un titán, las sinuosidades de su arte. A estas alturas, no vale la pena empujar su legado hacia una zona más céntrica de cualquier andamiaje nacional y erigir el busto que nunca tuvo en el parquecito ameno. Casal aún «resulta poco útil para los ideólogos, y ahí está su principal valor» (Ponte 2002: 10).

Cuando escribí este libro, no tenía acceso a la correspondencia inédita, publicada en 2017, que añade otra vuelta de tuerca a la imagen que tenemos de Casal. En varias cartas a su amiga Magdalena Peñarredonda, exiliada en New York, Casal incluye detalles sobre sus planes de viajar a esa ciudad, aprender el oficio de tabaquero y

---

[2] En 1991 Martin Duberman fundó El Center for Lesbian and Gay Studies en el Graduate Center de la City University of New York. Fui miembro de su junta directiva de 1992 a 1999, y co-organizador de dos congresos internacionales: Crossing National and Sexual Borders. Latino/a and Latin American Lesbian, Gay, Bisexual and Transgender Conference, October 3-5, 1996; y Crossing Borders '99: Latino/a and Latin American Lesbian and Gay Testimony. Autobiography / Self-Figuration, March 11-13, 1999.

conseguir hospedaje. En una carta del 9 de septiembre 9 de 1889, escribe:

> Lo único que me consolaría, en estos tiempos, sería irme a Nueva York, donde tengo siempre fijo el pensamiento. Si usted me asegura que en quince días o en un mes puedo aprender a torcer y enseguida me coloca en una fábrica, tomo el vapor y me marcho a esa con lo suficiente para pasar el mes. Dígame si usted conoce alguno que me pueda enseñar y si es fácil hallar una casa donde me tengan por 20 pesos al mes. Ahora tengo ropa y no temo al invierno. En caso afirmativo contésteme si me puedo embarcar el 20 de este mes, día de la salida del vapor español. (2017: 42)

Magdalena Peñarredonda se destacó en la lucha independentista en diversos frentes y llegó a ocupar el cargo de Delegada del Partido Revolucionario Cubano en Pinar del Río (Prados-Torreira 2005: 114-117). En la correspondencia con su «buena e incomparable amiga», la «General Llellena», como la llamaban, Casal comparte la «repugnancia» de Maceo por lo que lo rodea, no solo porque tiene «enferma la sensibilidad» sino también porque reconoce «la desgracias» de la patria[3]. Por eso está dispuesto a enfrentar los rigores del exilio junto a su amiga, «aprender el inglés», dice, y torcer tabacos (2017: 40). La imagen de Casal torcedor en la tabaquería del barrio neoyorquino es tan insólita y tan pertinente como la de Elena en su *museo*, «indiferente a lo que en torno pasa,» importada a Cuba, donde contempla «las torres de Ilión, escombros hechas»[4].

A pesar de su resignación durante las curas horrendas y de su gratitud por su remedio pasajero, a Casal lo traicionó su cuerpo. Murió en la sobremesa habanera, «en una verdadera catarata de sangre»,

---

[3] Sobre Casal y Maceo, véase Armas 1981: 129-133 y Montero 2001.

[4] «Elena», de *Nieve* (1978: 118). Todas las citas de la poesía de Casal remiten al primer volumen de la edición de Glickman.

una escena conocida[5] pero que todavía horroriza, como horrorizó a su amiga Magdalena, que escribe a Carmela, hermana de Casal, cuatro días después de la muerte del escritor: «Yo no puedo pintarte lo que pasó entonces en esta casa» (en Casal 2017: 283). Casal sí pudo pintarlo, en la profecía insólita de su «Horridum Somnium»:

> …yo sentí deshacerse mis miembros,
> entre chorros de sangre violácea,
> sobre capas humeantes de cieno,
> en viscoso licor amarillo
> que goteaban mis lívidos huesos. (1978: 188)

Habla el «yo» de un muerto, que transforma la corrupción del cuerpo, el suyo y el de todos, en visión fulgente, más fuerte y duradera que los diversos casilleros donde se ha situado a Casal y su obra. Por ella pasan el nihilista desdichado, el amigo querido, el payaso cuya «vida íntima» conoce, la Gorgona de mirada letal, el cuervo ávido del sexo, el joven lector de Baudelaire que comparte la alameda con «pálidos seres de sonrisa mustia»[6], figuras suyas pero que no lo definen porque él mismo es plural, huidizo y seductor.

☙

Agradezco a Julio Ramos su amistad, sus comentarios sagaces y su gestión para que se reeditara este libro; a Waldo Pérez Cino, editor en Almenara, su simpatía y profesionalismo. Mi gratitud va de nuevo a Iris Zavala, directora en Rodopi, que publicó la primera edición.

Oscar J. Montero
New York, 25 de marzo, 2019

---

[5] Según el testimonio del Dr. Santos de Lamadrid, en cuya casa murió su amigo Casal (en Casal 2017: 281).

[6] «Las alamedas», de *Rimas* (1978: 223).

Prólogo

Leí por primera vez a Casal en un curso que dictaba mi profesora, y luego mi amiga, María Salgado. «En el campo», «Nostalgias», «Neurosis», los poemas antológicos de Casal, me sedujeron enseguida. ¿Por qué fascina un verso o cualquier fragmento escrito? Si digo la riqueza del detalle, el taraceo entre el sentido y la forma, la elegancia del estilo, la extrañeza y a la vez la precisión de una palabra, solo repito los lugares comunes de cualquier manual. Había algo más. Improbablemente, las imágenes extrañas, los contrastes insólitos y la lánguida ansiedad de esos poemas se conjugaron para decirme algo sobre mi propio estado de ánimo.

Cuando primero leí a Casal, había vivido varios años en la franja próspera de la Carolina del Norte que llaman el Piedmont. Conocía la costa y la montaña, sus inesperadas bellezas y la bondad de su gente. Las lecturas escolares que me atraían hacían eco en la lengua y la cultura que me rodeaban. Por aquellos años la zona todavía no era tan homogénea. Todavía había campo donde luego hubo «suburbio», la pesadilla de aire acondicionado de Henry Miller llevada al cuadrado. Manejaba por la carretera entre Chapel Hill y el pueblecito donde vivía mi familia y veía el caserón faulkneriano, atravesado por la ventisca. Carretera abajo, una africana nonagenaria, la cabeza envuelta en un paño blanquísimo, salía imperiosa a custodiar las filas de tomates. Allí y en el decir de una campesina, que mascaba tabaco y venía al pueblo en el Ford destartalado, estaba Faulkner y también Welty y McCullers. Las locas de Tennessee Williams vendrían después.

Casal me enseñó otro placer, el de mi lengua materna, que no había olvidado pero que había puesto entre paréntesis, por así decir. El «no ha podido decir a mi alma extraña» de Casal dijo mucho a la mía. Comprendí que su negación era retórica, que era de hecho un poder decir. Encontré algo más en Casal que no había captado del todo en otras lecturas. Era el brillo de la imagen, de sus «islas de fuego en mares azulados». Por encima del inexorable parcelamiento de lo escrito, la imagen baila fugazmente. Es la lección fundamental de Casal y los modernistas.

Con Casal el placer de la lectura se unía al placer de otros textos y otros cuerpos. Sin pensar en el por qué, cubrí las paredes de mi cuarto de estudiante con reproducciones de Aubrey Beardsley. Los epigramas de Oscar Wilde fueron mi breviario; las reinas gélidas y las dominatrices severas de la pantalla, mi pasión. Con los nuevos amigos escuché a Bessie Smith, a Big Mamma Thornton, a Janis Joplin. Uno de ellos, fanático del musical norteamericano, nos hacía reir con su imitación del vozarrón de la Merman. Cada loca con su tema y con sus artefactos culturales. Entre los míos, incluí lo que tenía de Casal, como otros incluyeron a Walt Whitman, a Hart Crane o a Gertrude Stein. Esos fragmentos inconexos llegaron a representar una alternativa afectiva y social, individual y colectiva, fundada tenue y poderosamente en la inclinación erótica. En otras palabras, comenzó a definirse una identidad gay. La rúbrica cubre un territorio complejo, desde la solidaridad afectiva y el poder común hasta los privilegios de una clase y las exclusiones de un sistema. Actualmente, sigue la lucha, se celebran los logros, se reconstruye su historia, se cuestionan sus límites, se transforma su léxico. En ese proyecto colectivo se inscribe este libro, aunque más bien pertenezca a su margen, por razones que espero se aclaren a lo largo de la ruta.

Lo erótico en la obra de Casal se vela, se disfraza, se borra retóricamente y sin embargo insiste casi violentamente en todo lo que escribe. El «problema» del erotismo de Casal es el problema de una tradición crítica que ha manejado incómodamente el tema. El primer capítulo reconstruye parte del ambiente homosexual en La Habana del fin de siglo, basándose en dos tratados de la época y en una crónica de Casal. Casal responde con sus propias armas a la retórica pseudo-científica y moralizante de los tratados. Transforma uno de los lugares del «crimen» en recinto estético, retira los cuerpos del delito, sentimentaliza el cariño entre los hombres, acumula los detalles exquisitos, disimula las lagunas y se va como en un suspiro. Sin embargo, los prejuicios y las metáforas de los científicos y hombres de letras reaparecen diversamente en las primeras críticas sobre la obra de Casal. Casal jamás responde; se niega a entrar en el juego ajeno y sigue su camino sin corregir su «desvío». El capítulo dos se fija especialmente en la recepción crítica de *Hojas al viento* y contrasta la situación marginal de Casal y su obra en el «monumento nacional» con las primeras lecturas que se hicieron fuera de Cuba, desde México y Puerto Rico.

Lo erótico en la obra de Casal se acerca y se distancia del cuerpo que lo produce en un vaivén casi violento. Lo erótico se refleja, se «retrata», en la imagen ajena, se estiliza, se estetiza hasta encontrar su mejor imagen en la hetaira fatigada o en la Derrochadora del capítulo tres. En las crónicas sobre la Derrochadora, el erotismo anómalo, como pérdida y desperdicio de la fuerza vital, corresponde al carácter artificioso, por precario y dependiente, de la economía colonial. La Derrochadora malgasta y se gasta, como se desperdicia el buen sentido en la opulencia de lo escrito en la obra de Casal. La Derrochadora de Casal encarna la cuestión del valor de lo estético durante la era de «la reproducción mecánica» y se sitúa en la incipiente economía de consumo de la capital colonial.

Como es sabido, el interior es un tópico del modernismo. También se sabe que la enfermedad y las limitaciones del ambiente condujeron a Casal al retiro de su alcoba. Casal aprovecha el tema en su obra, pero la crítica, demasiado satisfecha con el encierro del poeta, transforma su retiro en la ficha muerta de la evasión y la misantropía. Se olvidan las salidas de Casal, su representación como el «soñador sombrío» que ronda por «Las alamedas», donde «no se descubren del placer los rastros». Por otra parte, el Casal de las crónicas visita el teatro, el cotillón aburrido, la consulta. Es el *flâneur* insular que transforma los cuerpos voladores del circo del capítulo cuatro en «símbolos vivientes». En la obra de Casal comienza a borrarse el deslinde entre lo erótico y lo estético. Los dos dependen de las sensaciones del cuerpo. Si Casal añora el «teatro especial» del rey de Baviera, el interior privilegiado por excelencia, también sabe que la isla solo ofrece las gradas del circo de provincia. Obligado a entrar en la muchedumbre, Casal transforma la visita al circo en una meditación sugerente sobre la eficacia de la representación.

El *museo* de *Nieve*, comentado en el capítulo cinco, es la representación más opulenta de una imagen erótico-estética armada de fragmentos ajenos, tomados de las copias de los cuadros de Gustave Moreau que Huysmans envió a Casal. En el *museo*, los deseos transgresores del cuerpo se manifiestan estéticamente en el cuerpo representado. En los otros sonetos de *Nieve*, se nubla la mirada del *museo*, se rompe el marco y se dibuja un nuevo sujeto, deseoso de la mirada ajena. Entre el cuerpo sacrificado y el cuerpo legible, entre la imagen y su fragmentación textual, media el erotismo de la representación. A través de la imagen del *museo*, vestida, drapeada, recamada, reclamada para sí, se llega al cuerpo propio, finalmente hediondo, descompuesto, pero transformado en imagen, al margen de un discurso visionario sobre la corrupción de la carne y la eficacia o el fracaso del signo frente a esa ruina. Que Casal se inspira en Baudelaire y en la tradición del alto romanticismo es harto sabido. En cambio, no se ha comentado lo suficiente la intensidad y la coherencia de su visión insular, de su traducción enérgica del capital cultural extranjero.

El último capítulo se fija en uno de los poemas antológicos de Casal, quizá el más leído. La relectura de «En el campo» sirve de conclusión puesto que se hace a la luz del territorio recorrido y se reiteran los temas principales de la investigación. Las célebres inversiones del poema se han leído casi siempre desde un punto de vista temático, como un «no» rotundo a «lo natural» y una afirmación más de «lo artificial», los consabidos contrarios del saber decimonónico. En los tercetos «cincelados» del poema, el desvío erótico de Casal se transforma en la inversión del valor estético, en los dos sentidos de la palabra, virar al revés, trastornar, alterar y emplear de manera productiva. El desperdicio de la Derrochadora, su «neurosis» y su «fiebre del derroche», la aniquilan, como aniquilarían la economía insular, según lo profetizó lúcidamente Martí. Junto a la enfermedad y la penuria, también aniquilan al poeta, pero como el Prometeo de su soneto, Casal «ve de su redención luces extrañas», es decir, ve la imagen futura recuperada en la lectura ajena.

Casal me devolvió el placer de mi lengua materna porque de diversas maneras también se había acercado a mi erotismo. La enfermedad y la muerte de Casal se confunden compleja y ambiguamente en su obra y en la de sus lectores. Por otra parte, el erotismo insistente de Casal se ha situado frecuentemente en el paradigma de lo malsano, tan traficado en el fin de siglo XIX. La crítica o bien condena o bien perdona el llamado decadentismo de Casal, su «esteticismo» artificioso, según la frase de Lezama, que luego lo recupera en el «escandaloso cariño» de la «Oda a Julián del Casal». Por la ruta del cariño, no de la condena, la apología, o peor, el silencio, quise volver a Casal, quise devolverle algo. Ninguna definición del modernismo había siquiera insinuado que la ironía, la actitud ambigua, a la vez apasionada y distante, la burla y la simpatía simultáneas, el secreto velado o revelado oblicuamente, en las construcciones culturales de hombres y mujeres gays pudieran tener un precursor en Casal. En alguna remota propuesta de beca, traté de explicar la posibilidad de fundar una crítica sobre la sensibilidad compartida. El evaluador sagaz observó que sobre la «sensibilidad» no se funda la investigación sólida y recomendó un enfoque más preciso. Tenía razón, pero no he querido deslindar el rigor de la crítica del deseo vago de conservar en los quehaceres de la relectura algo de la fascinación erótica, sublime y muda, del encuentro juvenil con Casal. Espero que el lector o la lectora haga sus propios deslindes y que aproveche el resultado.

Sin los comentarios de los amigos, sin la paciencia de los estudiantes, sin la simpatía de la gente que aprecio, no habría libro. Menciono algunas de mis deudas. Durante un semestre en Emory University pude avanzar mi investigación y presentar una parte en un curso graduado. Julio Ramos escuchaba mis monólogos sobre Casal, compartía mi entusiasmo y en más de una ocasión me sugirió la ruta que podía seguir. Con tacto y maestría, María Luisa Bastos, mi amiga y colega en Lehman College, editó las primeras versiones de dos capítulos. Juan Gelpí, de la Universidad de Puerto Rico, leyó el manuscrito y me recomendó algunos cambios. Los dicharachos bochincheros que de vez den cuando añadía a sus sugerencias me hicieron más llevadera la revisión. Isaías Lerner, el director de estudios hispánicos en el Graduate Center de City University of New York, escuchó con entusiasmo cuando le hablaba sobre mi trabajo durante el almuerzo ameno. En más de una ocasión, me invitó a ventilar mis apuntes en cursos, charlas y conferencias. Así pude aprovechar los comentarios de amigos, colegas y estudiantes del Graduate Center.

Cuando repaso mis deudas, me place comprobar que surgen los nombres de otros amigos. Los estudios de Sylvia Molloy sobre el fin de siglo me han sido útiles; su agudeza crítica me ha servido de modelo; su amistad, de aliciente. Consuelo Arias me prestó su bibliografía sobre la imagen modernista y me sugirió más de una lectura provechosa. Ramón García Castro me invitó a Haverford College a dar una conferencia sobre Casal. Agnes Lugo-Ortiz me envió una copia de su libro inédito. En Cuba, Tomás Fernández Robaina de la Biblioteca Nacional me orientó durante mi visita y me consiguió el microfilm de parte de *La Habana Elegante*. Eduardo Lago corrigió la versión final del manuscrito. Steve Cruz, antiguo estudiante de Lehman College, se encargó del formato.

Una beca del Professional Staff Congress de la City University of New York me proporcionó fondos para viajar a La Habana y a la biblioteca de Harvard, y para sufragar los gastos de la preparación del manuscrito. Recibí un Shuster Fellowship de Lehman College para los mismos fines. Una versión de parte del capítulo cinco apareció en la *Revista Iberoamericana*, dirigida entonces por Alfredo Roggiano, tan cordial en el trato, tan perspicaz en sus consejos editoriales. Otra parte del mismo capítulo se publicó recientemente en inglés en la *Revista de Estudios Hispánicos*, dirigida por Randolph Pope. Finalmente, agradezco a Iris Zavala, la editora de esta serie, su interés en mi trabajo.

Hay cosas que no se agradecen. Solo se mencionan para que algo de ellas quede escrito: el amor, la comprensión y el apoyo de mi madre Lilia, mi primera maestra; el cariño y la simpatía de mi padre y mis hermanas Lili y Luisa. Y de Johnny, mi compañero de tantos años, la ternura, la música y la risa.

Oscar Montero
New York, 15 de enero, 1993

Todas las citas de la poesía de Casal remiten al primer tomo de *The Poetry of Julián del Casal* (1978), edición de Robert J. Glickman, 3 tomos. Las citas de las variantes y de los comentarios críticos incluidos en el tomo dos de la edición imprescindible de Glickman indican el tomo. Las citas de otros textos incluidos en Glickman aparecen también por tomo y número de página, precedidas de la letra G. A menos que no se indique lo contrario, todas las traducciones son mías.

I.
La crítica como «amistad a la distancia»

La posición de Casal en la historia literaria es paradójica. Su obra es canónica y marginal, fundadora y sin embargo incompleta. En los escalafones de la docencia queda después de Darío y Martí o se le sitúa en una categoría diferente. Junto a los «primeros modernistas» a veces aparece después de Silva, «la figura más destacada de ese momento del Modernismo» (Bellini 1985: 290). Reordenar esa lista no es uno de los propósitos de estas páginas. Sin embargo, conviene partir de la útil metáfora topográfica de la historia literaria para estudiar «la posición» de Casal y su obra.

Desde las primeras lecturas que se hicieron de Casal, la posición tanto del individuo como de su obra se ha calificado de anómala y marginal. De las maneras más diversas, casi siempre oblicuas y veladas, se ha asociado la heterodoxia de Casal y su obra a la anomalía y la marginalidad de su erotismo, que utilizo en el sentido lato de la palabra: lo relativo a la sexualidad biográfica y a las representaciones de lo sexual relacionadas a posiciones subjetivas determinadas y a las figuraciones textuales del cuerpo. A la metáfora topográfica de la historia literaria se añade entonces la latitud del erotismo para definir, siguiéndole el hijo a la metáfora, un territorio donde ubicar las páginas que siguen.

Casal murió cuando preparaba la edición de *Bustos y rimas* y tuvo el amigo que terminar la labor. El libro incluye varios de sus poemas antológicos, pero también demuestra una incoherencia perturbadora. Se sabe que Casal organizó y ordenó sus dos primeros libros incluso después de haberlos entregado a la imprenta; en *Rimas* se nota la ausencia de ese toque final. Tampoco terminó el libro sobre «La sociedad de La Habana» ni comenzó las dos novelas que esbozó en una de sus cartas. También es incompleta la obra de sus coetáneos, los primeros modernistas: los papeles perdidos de José Asunción Silva, la prosa voluminosa y dispersa de Gutiérrez Nájera y Martí. Solo Darío tuvo el tiempo y el deseo de organizar su producción en la serie de volúmenes que muy tempranamente dieron forma definitiva a su imagen de autor: imagen en el sentido de representación formada de fragmentos de la biografía del autor y de su obra, organizados de diversas maneras en las lecturas que se hagan de esos fragmentos heterogéneos.

La imagen del autor es una representación resumida en el nombre propio, transformado en la historia literaria en un signo reducido y portátil. La crítica pretende deshilachar, ya que no deshacer, el efecto totalizador de la reducción onomástica de la historia literaria. Sin embargo, la crítica es inexorablemente histórica, mientras que las imágenes de los autores tienden a ser hieráticas y definitivas. Por ejemplo, las fotografías de Martí, sus *Versos sencillos* y su leyenda de orador y prócer constituyen una imagen, integrada en su caso a otra serie de representaciones que definen la nacionalidad cubana. Las lecturas recientes de su obra revelan otra imagen, otro rostro y otro cuerpo, por ejemplo, el gacetero neoyorquino cuya mirada se refleja de manera alucinante en la superficie urbana[1]. La imagen de Casal es también la de sus fotos, que tanto gustaba repartir, pero la imagen fotográfica, al menos la de Casal, no representa una zona que surge en otros registros como una carencia recurrente; me refiero a la zona de lo sexual. «Lo sexual en Casal», escribe Lezama, «es perentorio y decisivo» (1977: 73).

1. Lo sexual / lo erótico

En el ensayo de Lezama «lo sexual» es un término ambiguo; en un primer plano, se refiere a la forma de representar la peculiar «energía»

___

[1] Me refiero al libro de Julio Ramos *Desencuentros de la modernidad en América Latina. Literatura y política en el siglo XIX* (1989).

del paisaje insular: «Casal intentaba trasladar esas voluptuosidades [del paisaje natural] a un centro de mayor energía [lo sexual]» (1977: 75). Por otra parte, «lo sexual» alude a la transformación del cuerpo que percibe en «vaso comunicante». El cuerpo es a la vez el teatro de la experiencia sensoria y el origen de la representación. La transformación del objeto ausente en imagen, en representación o en signo pasa por el cuerpo y es por lo tanto estética, en el sentido etimológico de la palabra, es decir, que depende de los sentidos. En un segundo plano, consignado a la zona misteriosa de las actividades sociales del cuerpo, «lo sexual» alude a la posibilidad de la práctica heterodoxa o aberrante, la homosexualidad, el masoquismo, o el ascetismo. No señalo la ambigüedad de «lo sexual» para anunciar la intención de llegar a una definición precisa, puesto que la ambigüedad es una de las características del territorio en cuestión[2].

Casal contribuyó al «misterio» sobre su propia sexualidad y sus contemporáneos lo respaldaron. Repasar las numerosas alusiones al tema con fines de precisar su sentido transformaría la crítica en una empresa detectivesca frustrada desde el comienzo, puesto que el cuerpo, o los cuerpos, del delito no existen. Por lo tanto, si la sexualidad, lo que hoy día se llamaría «la identidad sexual» de Casal permanece secreta, no son secretas las representaciones que aluden o más bien encubren esa «identidad». Distingo inicialmente entre «lo sexual» y «lo erótico». A lo erótico pertenecen las representaciones textuales con un contenido temático específico, por ejemplo, el paisaje insular en los ejemplos de Lezama, los cuerpos del *museo* y del circo, el cuerpo propio. Debo añadir que la distinción entre lo sexual, en tanto que actividad social, y lo erótico, en tanto que representación textual peculiar, es pragmática, provisoria y problemática. Tampoco se trata de codificar las representaciones eróticas del texto y consignar lo sexual del cuerpo a una zona a la vez marginal y trascendente.

---

[2] Sobre Casal como «precedente de la sensibilidad de José Lezama Lima», véase Ruiz Barrionuevo 1982.

Una vez avisado el lector o la lectora, será preferible la ambigüedad, y de hecho la porosidad, de los términos a una definición digna del lecho de Procusto.

Según Bataille, bajo la rúbrica de erotismo se agrupan las transgresiones del cuerpo en diversos contextos. El erotismo contradice y contamina el orden de la realidad hegemónica; es central tanto en la vida interior del individuo como en la pérdida de sí (Bataille 1986: 29-39). En la segunda mitad del siglo XIX, las oposiciones binarias, normal o anormal, fértil o estéril, natural o artificial, rigen múltiples zonas de un saber que todavía determina los recursos epistemológicos contemporáneos más diversos. En el contexto de dicho saber, el erotismo de Casal es un secreto abierto, velado y a la vez revelado en un contrapunteo dinámico[3]. El saber científico del XIX transformó prácticas sexuales heterodoxas, como «la sodomía», en una especie social, la homosexualidad, que llegó a amalgamar toda práctica sexual considerada aberrante y que por supuesto se opuso radicalmente a su contrario, también recién acuñado, la heterosexualidad. Las clasificaciones de la maquinaria del poder revelan el deseo no de suprimir sino de codificar y parcelar: de definir «un orden natural del desorden», en la frase de Foucault[4]. En las ciencias que

---

[3] Sobre el «secreto abierto» de la homosexualidad y de la homofobia, véase Kosofsky Sedgwick 1990: 67-90.

[4] Véase Foucault 1980: 15-49. Aunque la versión alemana de la palabra «homosexual» se utiliza por primera vez en 1869, no aparece en los otros idiomas europeos hasta 1892 y no circula ampliamente hasta casi mediados del siglo XX (véase Halperin 1990). Moliner, *Diccionario del uso de español* (Madrid: Gredos, 1967), todavía conserva como sinóminos «invertido» y «sodomita», y se refiere a «afeminado». Martín Alonso, *Diccionario del español moderno* (Madrid: Aguilar, 1966), utiliza la definición ortodoxa de «inclinación sexual hacia personas del mismo sexo»; la vigésima edición del diccionario de la Real Academia (1984), como «inclinación manifiesta u oculta hacia la relación erótica con invididuos del mismo sexo». Al menos en una ocasión, la crítica del siglo XX se refiere a Casal como un «intersexual», sinónimo descartado de «homosexual»; otros términos fueron «homoerotismo» y «uranismo», mencionados en Litvak (1979: 155).

dominan el saber en la segunda mitad del siglo XIX se cumple el proceso de transformar las prácticas sexuales en diversos discursos, es decir, en «sistemas de utilidad». La «perversidad» y la «decadencia» de la literatura del fin de siglo responden de diversas maneras a esa sistematización utilitaria de los deseos del cuerpo. Por la ruta de lo estético comienza el regreso al cuerpo, transformado en zonas taxonómicas, como una de esas cabezas parceladas de la frenología del XIX y el *behaviorismo* del XX. A través de lo estético se establece el comercio entre sujeto y objeto, clasificado de perverso, inútil, marginal, mediado por las sensaciones del cuerpo, representado en una imagen que pretende suspender la verbosidad monumental del saber. Frente a las versiones insulares de ese saber, ¿qué forma toma la respuesta estética de Casal? ¿Cómo se inscribe su erotismo en relación a los «sistemas de utilidad» que cumplían una compleja etapa de desarrollo histórico precisamente en el momento en que escribe? Las páginas que siguen abordan estas preguntas, con menos ánimo de responder categóricamente que de ampliar la zona de investigación y enriquecer la lectura de la obra de Casal.

No se trata exclusivamente de señalar el temario erótico en la obra de Casal, aunque ese gesto forme parte de la tarea. Se trata de las diversas, sutiles y a la vez corrosivas subversiones de ese temario. En Casal, las versiones y subversiones del temario erótico del fin de siglo se superponen frecuentemente a la representación del cuerpo ajeno y del propio; sin embargo, la representación del encuentro de esos dos cuerpos no es simplemente transgresiva; es decir, no pretende cruzar la frontera de lo que el saber y el quehacer de la época consideraron ortodoxo o normal. El erotismo en Casal se da más bien como alusión a un secreto al margen de lo indecible. El erotismo implica el desvío, el sesgo sutil y a la vez fuertemente marcado; implica el viraje estilístico

---

Véase también Chauncey 1983: 114-146. Sobre la incertidumbre etimológica y el impacto ideológico de los términos, especialmente «homosexual» y «gay», véase Sedgwick 1990: 16 y 36-39.

de un hipérbaton violento, la sorpresa de un adjetivo extraño, o la riqueza visual de la imagen. En la obra de Casal, el erotismo, tildado de «malsano» desde un comienzo, es también la representación del cuerpo enfermo, por ejemplo en la imagen estetizada de la llaga, transformada por la escritura en una imagen inusitada. El erotismo es la pérdida de sí en una naturaleza recreada, donde la mirada ciega y patética del texto reclama la lectura ajena.

Lezama cita la visita de Casal al médico, el doctor Francisco Zayas, poeta y discípulo de Luz y Caballero, uno de los «bustos» en la serie de retratos literarios escritos por Casal. A su despacho acude «toda la Habana adolorida». Del dolor, el propio y el ajeno, Casal pasa al «dibujo» del cuerpo grotesco:

> brillan ante mis ojos las arborescencias que los herpes dibujan sobre la piel o el pus que mana, como crema de ámbar, de las llagas en putrefacción, y siento el vaho cálido de los organismos abrasados por la fiebre o la humedad viscosa de los miembros deformados por la lepra. (1963b, 1: 254)

La entrega voluptuosa a los síntomas del cuerpo enfermo preludia la representación a través de la escritura de elementos pictóricos. «Preludia» sugiere una falsa, aunque necesaria, diacronía. Si uno imagina *a posteriori* lo que ha leído de Casal, reconoce más bien la superposición y la alternancia errática entre la voluptuosidad del cuerpo y sus diversas representaciones. El erotismo es la zona del cuerpo, tanto de su placer como de su dolor; su representación es una imagen enmarcada; es el producto de la voluntad creadora y pertenece a un mundo armado, o imaginario, como el *museo ideal* de Casal. El cuerpo es ambiguo porque es el referente de la imagen estética y a la vez es esa imagen, no teniendo otro acceso a la representación.

Toda expresión del poder se basa en la distancia del cuerpo propio y en el control del ajeno, marcada a gritos en las cámaras de tortura, silenciosamente en tantos otros recintos. En cambio, el erotismo propone «la transformación del cuerpo en voz»; las imágenes que genera pretenden borrar las distancias del poder o al menos desvirtuarlas y de ahí su carácter subversivo[5]. La crítica que intento usar en estas páginas pretende seguir la pista del texto erótico, no para explicarlo ni ponerlo en fila escolar, para acercarse más bien a «la compresión misteriosa y la amistad a la distancia» (Lezama Lima 1977: 82). Añorar la mirada devuelta de quien ya no está es otra forma de desear el aura perdida de lo escrito, y señalar de paso mi propia orientación erótica, erotofílica, homosexual, gay, o *queer,* como preferencia individual y como base de una manera de participar en el mundo y leer sus textos. La orientación erótica no se limita al individuo y los recintos privilegiados de su subjetividad. No solo marca y orienta el comportamiento y la selección en el plano afectivo sino que se filtra al plano social, político, y en este caso, crítico, contaminándolo y pervirtiéndolo, para apoderarse de las tóxicas metáforas médico-sociales del positivismo clasificador que hemos heredado. La bibliografía sobre el tema es lo suficientemente amplia como para que no haga falta a estas alturas el rodeo apologético[6].

El erotismo de Casal se basa en el «no poder decir», en la oclusión que conduce a la negación. «Mas no te amo» dice el poeta en «Camafeo» (158). El «no poder decir» casaliano también conduce,

---

[5] Véase Scarry 1985: 45-51 y 161-180.

[6] El uso anacrónico de la palabra «gay» es pragmático y provisorio; se intenta reemplazar un vocabulario opresivo, sodomía, homosexualidad, pederastia; además, la palabra se usa vulgarmente en el español de América, donde reemplaza el despectivo «maricón» y el bestiario notorio de «pájaro», «pato», etcétera. En inglés, el uso deliberado, no peyorativo, de *queer* entre gays y lesbianas es reciente. «*Queer*» es el término despectivo, literalmente «raro», que en los últimos cinco años se ha reactivado entre gays y lesbianas militantes para reemplazar «gay», que consideran demasiado integrado a la doxa contemporánea. La bibliografía sobre la posibilidad de una crítica gay, o *queer,* de las obras del pasado es extensa. Por ejemplo, véase la bibliografía en Dellamora 1990: 246-262. Véase también Halperin 1990.

por una ruta rica en representaciones eróticas, a la imagen paliatoria del cuerpo, «retratado», mirado, es decir, deseado como imagen, «una imagen tan hermosa» construida por capas de ornamentación, «recamada» como en «Kakemono». El célebre poema concluye con la contemplación compensatoria de la imagen: «Viendo así retratada tu hermosura mis males olvidé» (1978: 166).

El objeto admirado puede ser femenino o masculino. En ambos casos, el cuerpo ajeno se reifica y se transforma en objeto estético, es decir, percibido a través de los sentidos corporales. Paradójicamente, se tiende a borrar, o más bien a complicar, la identidad sexual/genital del objeto admirado; por ejemplo en la estrofa siguiente de «Un torero» se cruzan los signos de lo masculino y lo femenino para producir la imagen ambigua del torero-eunuco, que a su vez se convierte en una joya:

> Tez morena encendida por la navaja,
> pecho alzado de eunuco, talle que aprieta
> verde faja de seda, bajo chaqueta
> fulgurante de oro cual rica alhaja. (1978: 132)

Al no poder decir explícitamente lo sexual, porque se ha censurado o autocensurado de una u otra manera, la escritura erótica busca otras vías, convencionales o novedosas según sea el caso. La escritura del erotismo no se limita al temario erótico-sexual sino que puede incluir también el impacto estético, y por lo tanto corporal, no solo del cuerpo ajeno sino del paisaje o de la pintura. La escritura del erotismo también recurre al temario de la angustia moral y el agotamiento físico, de lo secreto y lo vedado. En otro registro, el erotismo pasa al vocativo y reclama lo que queda al margen de lo escrito, el amigo por ejemplo. Parca por naturaleza en representaciones sensorias, la crítica se sitúa en este último registro. La crítica también es vocación, o mejor, es «la amistad a la distancia» de Lezama.

2. «Sexualidad impura / erótica exaltada»

Incluso el rechazo, o la maldición de lo erótico, notorio en Casal, implica por negación una alternativa, aunque sea la negación misma del erotismo, que es también erótica. En «El amante de las torturas», el placer corporal del asceta está en la ausencia del placer. El personaje, descrito por el dueño de la tienda donde coincide con el narrador, «ha hecho del sufrimiento una voluptuosidad»:

> Le gusta todo lo deforme, lo monstruoso, lo sangriento, lo torturado, lo que le hace sufrir. Es un hombre que se martiriza para conjurar el spleen. ¿No ha notado usted que muchas veces se introduce la mano por lo alto del pantalón y que, a los pocos momentos, empieza a hacer contorsiones al andar? Pues es porque lleva un cilicio a la cintura y, cada vez que se le afloja, se lo ciñe a la piel. Además usa siempre un perfume muy extraño, un perfume de templo, a la vez que de lupanar, un perfume que se respira en su casa por todas partes. (1963b, 1: 235)

El joven comprador reúne las características de la célebre *femme fatale* decimonónica, evocada sobre todo en el perfume raro que usa, a la vez «de templo», el lugar de la virgen, y de «lupanar», el de la hetaira; en cambio, el cuerpo en cuestión es masculino y su sexo está marcado por el cilicio, que se ajusta introduciendo la mano «por lo alto del pantalón».

La incorporación masculina de la *femme fatale* es fundamental en Casal y se manifiesta diversamente en su obra. Por una parte, rechaza los encantos de la mujer, por ejemplo en «Camafeo»: «Tu hermosura encierra / tan sólo para mí focos de hastío» (1978: 158). Cuentan que la simpática María Cay, la amiga de Casal a quien fue dedicado el poema cuando se publicó en *El Fígaro* bajo su foto, dijo al poeta «No esperaba que usted me regalara tan linda *calabaza*» (Henríquez Ureña 1954: 127). En algunos comentarios sobre la relación de Casal con María Cay, la muchacha juega el papel del amor imposible del poeta, «la gran pasión de su vida»[7]. El comentario detallado de Glickman sobre la relación sugiere más bien que eran amigos, y cita la versión de Darío, que conoció a los Cay durante su visita a La Habana: «¿enamorado de ella? …tal vez. Él parece que nunca lo manifestara» (1978, 2: 256-264). De nuevo, no es posible marcar con exactitud las preferencias dictadas por la identidad sexual del individuo Casal. La anécdota es valiosa, sin embargo, porque señala, por una parte, la actitud desenvuelta, risueña y entendida de la mujer a quien dedicó el poema; por otra parte, señala la insistencia de la biografía y la crítica, que muy tempranamente definieron el objeto de la sexualidad de Casal o bien como un amor prohibido o como un amor fatal, ambos tópicos literarios utilizados por Casal, pero no determinantes de su producción simbólica, donde se representa el erotismo sin objeto visible, donde se dice la ausencia del objeto, y por lo tanto se recae inexorablemente sobre el cuerpo propio, cuya figuración es compleja y contradictoria.

Tanto en la prosa como en la poesía modernistas, la mujer es frecuentemente imagen de la proyección masculina. En cambio, en la obra de Casal la mujer no es solo proyección sino reflexión especular de un *yo* masculino[8]. Si en la segunda mitad del XIX la «feminización» del héroe romántico se recompensa en una capacidad afectiva y expresiva superior a la norma, las múltiples variaciones novelescas sobre el tema de la identidad sexual evidencian el desarrollo ulterior de una política sexual asimétrica y de una estética aún más erotizada, la secuela plurivalente del *mal de siècle* masculino[9].

---

[7] Esperanza Figueroa (1942): «Revisión de Julián del Casal». En *Primer Congreso Nacional de Historia. Trabajos presentados*. La Habana, octubre, 253. Citado en Cabrera Saqui 1963: 273.

[8] En su lectura de *In Memorian* de Tennyson, Dellamora comenta el papel de la mujer no sólo como proyección masculina sino como «masculine self-mirroring» (1990: 33).

[9] Waller 1989: 149. Sobre las implicaciones políticas de la «feminización» del personaje masculino heterosexual en la novela del XIX, véase Sommer 1991.

En el fin de siglo de Casal, específicamente en los breves años de su producción literaria desde mediados de los ochenta hasta su muerte, el pensamiento médico y jurídico comenzaba a codificar y parcelar las prácticas sexuales heterodoxas. La «homosexualidad» reemplazó la práctica aberrante de la sodomía, en sus diversas manifestaciones desde el «bestialismo» hasta el «contubernio» entre personas de un mismo sexo, para convertirse en una especie de «androginia interior, de hermafroditismo espiritual», escribe Foucault (1980: 43). No es ninguna coincidencia que en su nota necrológica sobre Casal, Ricardo del Monte, «su benévolo y tolerante consejero», utilice una versión de esa «androginia interior» cuando se refiere a la «sensibilidad enfermiza» y las «ternuras y delicadezas femeninas» de Casal (1978, G2: 405). Los años de producción literaria de Casal, desde el final de la década del ochenta hasta su muerte en 1893, coinciden con la difusión de los discursos inaugurales sobre la sexualidad[10]. El «esteticismo» de Casal, según la expresión de Lezama, no fue únicamente el resultado del conocido encuentro con las fuentes literarias que culminaron en el modernismo hispanoamericano; tampoco fue un fenómeno explicable en términos de una subjetividad anómala y extravagante, definida *a posteriori* a partir de los textos de Casal y las anécdotas biográficas de sus contemporáneos. En la red de correspondencias entre textos y anécdotas hay que leer también una versión, estética

---

[10] En su lectura de *Billy Budd* y *Dorian Gray,* dos textos fundacionales de la cultura gay moderna, Eve Sedgwick observa que estos mismos textos «movilizaron» las imágenes y las categorías más potentes en «el canon del dominio homofóbico». Añade que el año 1891 es un «buen momento» en el cual estudiar la fundación contradictoria de identidades sexuales basadas en la oposición entre «homosexual» y «heterosexual» (1990: 49). En Casal los términos de esa fundación no son tan explícitos. El canon homofóbico de la colonia todavía habla de «pederastas», no de «homosexuales», y la crisis de identidad sexual en la obra de Casal no es explícita, como sí lo es en los textos anglo-americanos; no obstante, me parece que será posible y provechoso estudiar no sólo el temario erótico de Casal sino también considerar sus «desvíos», sus identidades provisorias y sus imágenes ambiguas como fintas y fragmentos de una identidad futura.

y erótica, deliberadamente ambigua, borrosa y contradictoria, de la sexualidad que comenzaba a definirse violenta y opresivamente en los diagnósticos de doctores, sociólogos y psicólogos de la época.

Después de los múltiples logros de lesbianas y gays en el plano afectivo, social, político, y cultural en este otro fin de siglo [xx], nos enfrentamos de nuevo al terror y la distancia del cuerpo en la homofobia provocada por la epidemia del SIDA. La homofobia de los años noventa es la versión visible más reciente de la erotofobia de las llamadas sociedades post-industriales. De más está decir que la realidad fisiológica de la enfermedad ha sufrido una metaforización constante. Su denominador común es el miedo a la contaminación, basado en parte en la realidad de la enfermedad y en parte en la erotofobia de nuestra cultura, su horror, vago y poderoso, frente a toda señal del cuerpo no mediatizada por la cultura dominante, la que controla el saber y sus múltiples discursos y más recientemente los medios de difusión masivos[11]. Incluso los «profesionales de la salud» expresan públicamente el miedo frente a las señales del cuerpo marcado por los síntomas del SIDA y a la posibilidad de la contaminación, por improbable e irracional que sea. Por su parte, hoy día se sigue redefiniendo el erotismo, aliándolo a la solidaridad social y política y favoreciendo la diversidad de sus representaciones. Me permito la digresión para señalar que el pánico post-SIDA del cuerpo y sus placeres informa, aunque sea oblicua y soterradamente, mi acercamiento a Casal, que como escritor erotiza su discurso estético y como individuo sufre también el terror del cuerpo, no solo a causa de su enfermedad sino a causa de la codificación de las prácticas sexuales, desarrollada con tanto ahínco por el cientifismo positivista y todavía imperantes en la época actual.

---

[11] La metaforización homofóbica del SIDA fue inmediata y masiva. La bibliografía es vasta. Véase Sontag 1988. Sobre «el pánico homosexual» provocado por el SIDA, véase Sedgwick 1990: 18-22. Sobre la respueta antihomofóbica, Crimp & Ralston 1990. Véanse también los artículos en la sección «Acting Up: AIDS, Allegory, Activism» en Fuss (ed.) 1991.

Sin embargo, sería arrogante e ineficaz acercarse a Casal exclusivamente a partir de una simpatía afectiva unilateral o a partir de circunstancias actuales que no tienen una relación explícita con las del escritor estudiado. Si esa fuera la única base de este estudio, se daría toda la razón a los reparos que se hacen a la crítica contemporánea cuando impone la camisa férrea de su lectura a textos del pasado, sobre todo sin tener en cuenta o al menos soslayando sofísticamente los detalles y las circunstancias de su producción original. Para responder a una objeción justificada y pertinente, y antes de leer el erotismo y sus representaciones en la obra, habría que precisar la cuestión de la sexualidad no solo en relación a Casal sino en relación al ambiente en el cual se movía.

Es sorprendente la abundancia de las referencias a la sexualidad de Casal, desde los comentarios de sus contemporáneos hasta la crítica más reciente. Sin embargo, se trata de diversas versiones que aluden a los mismos incidentes, que se basan ya en el anecdotario biográfico ya en la obra. Es decir, tanto la obra de Casal como la biografía y la crítica que ha provocado parecen rondar un dato desconocido o indecible, a saber, la identidad sexual del individuo, o más bien su orientación sexual, ya sea hacia la homosexualidad o hacia un ascetismo casi masoquista. La expresión «identidad sexual» es problemática. No se refiere a una «identidad genital» sino a la preferencia, o falta de ella, por un objeto de placer u otro. Se trata de un proceso de definición iniciado en la segunda mitad del siglo XIX y que todavía continúa; por lo tanto, cualquier definición es provisoria y conflictiva. No creo que se pueda responder conclusivamente a la interrogante sobre la sexualidad de Casal; por cierto, estas páginas no lo intentarán, pero ya el hecho de repasar las diversas interpretaciones del tema en cuestión define un territorio que servirá de base, de punto de partida, o de referente *ad hoc* si se quiere, para la lectura que aquí se inicia.

Si María Cay, a quien Casal dedicó «Kakemono», fue su «amor imposible», el otro gran amor del escritor fue «la mujer fatal», un tópico literario frecuente en la obra de los modernistas y ubicuo en la segunda mitad del XIX y en los primeros años del XX[12]. La descripción de la «estatua de carne» en el poema de ese título en *Hojas al viento* es convencional: «Blanco traje de gasa vaporosa / cubría los encantos de su cuerpo». Al final del poema, el poeta revela que «la estatua» es un ser asexual, que «nunca, en sus labios purpurinos, probó la miel de los ardientes besos» (1978: 59). El título del poema pasa al «cromito» biográfico sobre Casal escrito por su cofrade Manuel de la Cruz, donde se dice que el poeta sale muy joven del colegio...

> para ser la víctima propiciatoria de una estatua de carne; su primera pasión, en vez de ser la ofrenda inmaculada a una virgen, ideal y pudorosa, fue el desenfreno de un cenobita que saliese de su maceración y su abstinencia para caer en los aturdimientos de una orgía. (Cruz 1892: 302)[13]

A través de su estudio, De la Cruz alterna los tópicos literarios con su conocimiento personal de Casal y su obra para producir una imagen duradera del escritor, exquisito pero malogrado por su filiación a los decadentistas, «ejemplares de mentes que corresponden a diátesis del cuerpo o del espíritu». Según De la Cruz, la enfermedad de Casal es tanto física como moral y lo sitúa en el polo opuesto al que ocupa Heredia, hasta ese momento el poeta más destacado de la lírica cubana. De la Cruz no menciona la temprana muerte del poeta del «Niágara», a quien considera uno de «los exponentes de mentes sanas en cuerpos sanos». Al contrario, sugiere que en Casal, tanto el cuerpo como la escritura que éste produce son malsanos y morbosos. No es por supuesto la única ocasión en que el decadentismo, como fenómeno histórico, cultural y literario se acopla a los síntomas del

---

[12] Sobre la *femme fatale*, véase Praz 1956.
[13] Agnes Lugo-Ortiz ha estudiado el contraste entre el exterior patriótico y «viril» de De la Cruz y el interior decadente y evidentemente no viril de Casal. Véase especialmente «Patologizar el interior». Sobre el interior modernista, véase también González 1983 y Pearsall 1984.

cuerpo de Casal, el *locus* de la enfermedad y de una sexualidad rara y anómala.

La «degeneración» de los diversos grupos de fin de siglo, entre ellos los decadentes y los simbolistas, tuvo su definición más explícita y probablemente más influyente en el célebre libro de Max Nordau, *Entartung* (1892). La traducción al español del libro de Nordau es de 1902; sin embargo, sus ideas circularon por La Habana de Casal, marcando desde un comienzo las primeras lecturas de su obra, como se verá en el próximo capítulo[14]. Para Nordau el erotismo, o lo que llama la «erotomanía», es el denominador común de la obra de los decadentes y es sinónimo de la «egomanía». El artista decadente y «degenerado» es incapaz de traer «una representación borrosa y liminal» hacia «el brillante círculo focal de la conciencia» (1895: 61).

Siguiendo las mismas ideas que orientaron el estudio de Nordau, los primeros críticos de Casal aluden constantemente a la relación entre la degeneración física y moral y la producción literaria. Según Nordau, las anomalías, las aberraciones y las enfermedades características de todos los «ismos» decadentes contaminan el cuerpo social sano. Su circunloquio en torno a la homosexualidad de Verlaine es esclarecedor: «se sabe que un crimen de carácter particularmente repugnante provocó su castigo, lo cual no es nada sorprendente, puesto que la característica peculiar de su degeneración es un erotismo vehemente, desordenado y excesivo» (1895: 120). A través de su libro, Nordau reitera y amplía el contraste entre normal y anormal, la estructura profunda de su argumento. Tanto la retórica como el erotismo de los degenerados son el desvío inaceptable de una otredad vagamente definida, que por lo tanto sienta las bases del racismo,

---

[14] La traducción de *Entartung* al español, *Degeneración* (1902), es de Nicolás Salmerón; sin embargo, ya en 1887, señala Iris Zavala (*Fin de siglo: modernismo, 98 y bohemia*, p. 18), se había publicado *Las mentiras convencionales de nuestra civilización* de Nordau, y en 1892 Salmerón le tradujo la novela *El mal de siglo*, comentada en *El Madrid Cómico* del 4 de febrero de 1892. Las citas que siguen corresponden a la edición en inglés de *Degeneration* (1895, New York: Appleton).

específicamente el anti-semitismo, y la homofobia, zonas de representaciones simbólicas que, como es sabido, culminarían en las peores opresiones del siglo xx.

Los comentarios de Nordau y la primera crítica sobre la obra de Casal coinciden en varios detalles, no solo por la influencia directa de las ideas de Nordau sino porque tanto este como la crítica cubana de la época se nutren del cientifismo fundador de la «sexología» en el siglo xix. En 1886 Krafft-Ebing publica en Stuttgart su *Psychopathia Sexualis*, que se apoya en los estudios que fundaron la «patología sexual» en el siglo xix, notablemente Lombroso, y a su vez se convierte en el *locus classicus* de los estudios sobre el tema[15]. Muy anterior es el libro de B. A. Morel, *Traité des dégénérescences*, publicado en París en 1857 y citado varias veces en *Degeneración*, que Nordau dedica a su «maestro» Lombroso[16]. Al igual que Krafft-Ebing, Nordau mezcla el diagnóstico científico con la indignación moral; sin embargo, el libro de Krafft-Ebing no deja de ser un tratado «médico-legal», como lo indica el subtítulo, mientras que Nordau funda un modelo de lectura crítica sobre la relación ambigua y contradictoria entre «la degeneración» física y moral y las producciones simbólicas. El «caso» de Casal, el hombre enfermo que produce obras «malsanas», parece hecho para ilustrar la tesis disparatada de Nordau. Los críticos cubanos contemporáneos de Casal, entre ellos Manuel de la Cruz, uno de sus compañeros en la redacción de *La Habana Elegante,* no dejaron de aprovechar los lugares comunes de la época sobre la sexualidad y la producción simbólica en sus comentarios sobre Casal y su obra[17].

---

[15] Véase la bibliografía citada por Krafft-Ebing en la edición inglesa de *Psychopathia Sexualis* (1965: 61-62).

[16] Las teorías absurdas de Cesare Lombroso sobre la relación entre la apariencia física, la «raza» y el origen de un individuo y su inclinación al crimen se divulgaron en una serie de publicaciones influyentes, entre ellas su célebre libro *L'Uomo delinquente*, publicado en 1876.

[17] Sobre Manuel de la Cruz, véase Casal 1978, 2: 66-67, donde se incluye una foto del grupo redactor de *La Habana Elegante*, y el comentario de Glickman

El uso que hace Manuel de la Cruz de los tópicos de la enfermedad y el erotismo revela nítidamente el mecanismo que produjo la imagen definitiva de Casal. En la versión de Arturo Mora del incidente sobre «la iniciación sexual» de Casal comentado por De la Cruz, Casal, a los quince años, y algunos compañeros regresan tarde al colegio de un lugar «donde había placeres», sin que se añadan más detalles (1978, G2: 402-404); en todo caso, según Mora, parece que fue más bien la salida nocturna de unos jóvenes y no «la orgía» en la elaboración insinuante y ambigua de De la Cruz, donde la mujer es la fuente de un mal que luego repercute en las preferencias tanto eróticas como literarias del poeta.

En su biografía de Casal, Emilio de Armas se refiere a la sexualidad del poeta como parte de una «leyenda», «que gustosamente acogerían sus contemporáneos como pieza romántica de primera calidad». Como toda leyenda, se nutría de un secreto: «Sus amigos solían hablar de él en el tono de quienes comparten un secreto de iniciados». Casal contribuyó a ese «misterio», el «secreto que te deje el alma helada» («Rondeles», 1978: 209), que hoy constituye «un obstáculo al conocimiento de las claves vitales de Julián del Casal» (Armas 1981: 33). De Armas añade que «La vida y la obra de Casal revelan una lucha interior por acallar los aspectos "negros" de su personalidad».

En el poema «Cuerpo y alma», el cuerpo «fétido» se opone a la pureza del alma, «casta como las heroínas que, sin sexo, / miró el pálido Poe» (1978: 259), en un contraste violento característico de Casal[18]. De Armas explica que «la razón de tal actitud hay que buscarla, sin duda alguna, en un conflicto de origen sexual». Enseguida añade, sin embargo, que «la vida erótica de Julián del Casal queda cubierta por una completa oscuridad».

---

sobre «Estatua de carne» de Casal (1978, 2: 2: 85).

[18] El maniqueísmo de Casal ha sido estudiado por Cintio Vitier en *Lo cubano en la poesía* (1970: 283-314). Véase también Schulman 1966: 153-187.

En el anecdotario y la crítica que mencionan el tema de la sexualidad de Casal se alterna el detalle de carácter biográfico con la alusión a la obra. Frecuentemente las lecturas de la obra de Casal tienden al psicologismo característico de cierta crítica a partir de fines del siglo XIX. Por ejemplo, Portuondo señala en Casal «un intenso sentimiento de culpabilidad»; Duplessis se refiere a la «sexualidad impura» del poeta adolescente que «entraba en pugna feroz con su erótica exaltada e idealista». Para Carmen Poncet, Casal era «un tipo psicológicamente intersexual», uno de esos individuos poseedores de «un mecanismo sexual perfecto; pero que frecuentemente se inhiben por la falsa conciencia que experimentan de su capacidad» (1944: 35-40). Cómo se enteró la profesora Poncet del estado de perfección del «mecanismo sexual» de Casal, casi medio siglo después de su muerte, debe constituir otro misterio. Vale la pena citar el circunloquio tortuoso y sugerente de Mario Cabrera Saqui sobre «los amores reales» y los «versos eróticos» de Casal:

> Mucho se ha especulado en torno a la vida amorosa del poeta. Hay quien afirma que no tuvo amores reales y que sus versos eróticos no obedecen a ningún sentimiento efectivo de esa naturaleza, sino que son pura ficción poética, obra de su intelecto artístico exclusivamente. Sin pretender nosotros, por la índole especial de nuestro trabajo, asumir una actitud polémica sobre cuestión de suyo tan interesante para la compresión cabal de su psicología, creemos, sin embargo, que Casal, lejos de encarnar con exactitud el tipo de intersexual y del tímido inferior, como algunos sostienen, era positivamente todo lo contrario: un súper-tímido por la exagerada diferenciación de su instinto varonil, un tímido superior de la categoría de Amiel. Recuérdese que el *Diario íntimo* del casto profesor ginebrino fue libro que leía Casal y que dejó abierto sobre una mesa de su alcoba el día en que vino la muerte a sorprenderlo. (1963: 273)

«La exagerada diferenciación de su instinto varonil» se resuelve en la castidad del lector de Amiel y en la muerte; por otra parte, el comentario demuestra las maniobras características de la crítica, que señala el «problema» de Casal e inmediatamente lo clausura o lo distancia «por la índole especial de nuestro trabajo»; sin embargo, en la relectura de Casal se trata precisamente de «asumir una actitud polémica» frente a lo que Cabrera Saqui llama una «pura ficción poética», es decir una ficción erótica donde no hay, donde evidentemente no puede haber, «ningún sentimiento efectivo de esa naturaleza», es decir, donde no hay rastro alguno de lo sexual. A fin de cuentas, el tema de la sexualidad vital y del erotismo estético de Casal en manos de amigos y críticos «nos lo complica con anécdotas y episodios menudos que interpretan demasiado a su arbitrio», concluye sombríamente el profesor Monner Sans (1952: 30).

Lo que «complica» la labor del crítico no es solo la duda sobre la ambigüedad sexual de Casal sino la porosidad incontrolable entre el texto de Casal y su persona poética. La crítica sobre Casal nunca se ajustó del todo a los rigores del formalismo anti-biográfico; en cambio, desde un comienzo trató de controlar, o al menos patrullar, la frontera entre las representaciones simbólicas y sus referencias afectivas, psíquicas y corporales, en fin, subjetivas.

Primeramente, la crítica convierte al individuo en entelequia muda, como si la solidez del cuerpo, o más bien su corrupción en el caso de Casal, sellara el paso a cualquier indagación; por otra parte, los territorios escindidos, texto y cuerpo, se someten a un comercio errático, arbitrario y a la vez controlado por la voz del crítico, que así funda su autoridad. «La voz del maestro», para citar el título del libro de González Echevarría, patrulla la frontera entre «amores reales» y «versos eróticos», entre las transgresiones del cuerpo y las representaciones simbólicas. Por otra parte, o por otra ruta si se quiere seguir el hilo de la metáfora topográfica, el comercio errático y arbitrario de la frontera, en lugar de reproducir la autoridad crítica, intenta sugerir otra imagen de Casal.

La oposición entre la «sexualidad impura» y la «erótica exaltada e idealista», en la frase de Gustavo Duplessis, sugiere que la sexualidad impura se centra en el cuerpo y la erótica exaltada e idealista se representa en la obra. Podría afirmarse que la oposición cuerpo/alma, y su corolario sexualidad impura/erótica exaltada, subyace a casi toda la crítica sobre la obra de Julián del Casal. El dualismo temático evidente del poema «Cuerpo y alma» parece respaldar la división radical entre el cuerpo, lo sexual bajo, y el alma, lo erótico místico comentado por Bataille. Sin embargo, si se considera que en el poema ambos, «cuerpo» y «alma», lo sexual y lo erótico místico, son representaciones, es decir, son de carácter simbólico, son legibles, el poema se convierte en un «cuadro» alegórico donde los dos opuestos coexisten y donde ambos, tanto lo sexual como lo erótico místico, se nutren del cuerpo donde tienen su origen.

Por lo tanto, no se trata únicamente de la concepción negativa del cuerpo, «fétido» y «viscoso», sino de la representación de lo negativo y lo positivo. La exaltación erótica del alma no clausura el reclamo del cuerpo soez. Se dibuja sobre él para sugerir la profundidad ilusoria de la imagen, como en esos aparatos ópticos donde dos imágenes casi idénticas se superponen para crear la ilusión de la perspectiva. Como en Schopenhauer, cuyo eco Casal percibe en versiones y traducciones francesas, la representación no es la reproducción sino la aparición compleja y oblicua del sujeto estético, aquel que se representa, literalmente que se pone delante, para luego borrarse[19]. Según el contenido temático del poema, la prisión es el cuerpo y la liberación, el alma. En otro plano, detrás del dualismo temático evidente del poema, la liberación no es la ausencia del lenguaje sino su retirada simbólica, su andar «dándonos la espalda» en la frase de Lezama[20], una retirada cuyo legado no es ni el silencio ni el nihilismo sino la imagen, la «figura» en el sentido que tiene en «el discurso amoroso» de Barthes, no un sentido retórico sino

---

[19] Véase Magee 1987: 105-118, y la introducción a *The World as Will and Representation* (1958: xviii).

[20] La frase de Lezama es de «Corona de las frutas» (1981: 133).

«gimnástico» o «coreográfico», el gesto del cuerpo captado en la acción, no contemplado en reposo (Barthes 1977: 7-12).

El baile de Salomé en el *museo* y la escritura aérea de los acróbatas del circo son ejemplos de esas «figuras» en Casal, representaciones del cuerpo en su movimiento. En Casal el cuerpo contemplado en reposo es el cuerpo propio, «sumido en mortal calma». Por una parte, movimiento y fugacidad del cuerpo ajeno; por otra, estasis del propio. Finalmente, éxtasis, es decir dilatación, del sujeto creador, que contempla su ruina y paradójicamente, su liberación.

La liberación del sujeto creador es paradójica porque se cumple en el campo de lo estético, donde se representan tanto las sensaciones del cuerpo como su ruina en la simultaneidad del duelo y del júbilo característicos del erotismo cuando la certeza de la muerte ilumina la ficción del esfuerzo humano. En la crónica de Casal, el objeto bello se degrada en los anaqueles de la tienda, y el objeto creado por el lenguaje debe recompensar esa degradación. En las letras hispanoamericanas las diversas trascendencias ofrecidas por el objeto estético se resumieron bajo la rúbrica de «modernismo» y la historia literaria luego se encargó de dividirlo en etapas, en principios, plenitudes y ocasos, concluyendo en la transición del postmodernismo y las primicias de la vanguardia.

La lectura diacrónica del modernismo, precursores, plenitud, ocaso, se ha basado tautológicamente en el temario más vistoso y más evidente del modernismo. Sin embargo, la relectura del canon modernista señala la corrupción del valor conservado en el recinto privilegiado, el interior, el museo, la psique. Los textos fuertes del modernismo construyen el recinto de lo estético, vistosamente decorado como es sabido, para garantizar su ruina. El modernismo ofrece la pauta de esa corrupción y por eso se relee provechosamente, porque en la crítica, y no en la contemplación del objeto originalmente enmarcado, se cumple la propuesta cultural del modernismo.

La relectura se deja marcar de lo erótico cuando se propone transgredir el marco, cuando no se limita a señalar el valor del objeto estético sino que reconoce la inscripción de su ruina y así se acerca al placer que originalmente lo llamó a la luz de la representación, donde se revela, como en la oscuridad de la pintura barroca por ejemplo, la riqueza del brocado o el brillo del cristal. En la obra de Casal, las representaciones del cuerpo son atractivas porque el cuerpo ajeno es bello y voluptuoso, porque encarna el valor estético y porque se fuga burlonamente para ceder el espacio que ha dejado abierto al cuerpo propio, cuya representación es erótica y cuya corrupción preludia la muerte. El materialismo peculiar de Casal lastra, o más bien adorna, los arranques místicos de su última poesía. El cuerpo propio, mirado y escrito, es el último objeto estético, pero no se trata de la inmanencia del marco. La lectura, siempre por venir, transgrede el marco y anima su contenido.

3. «Un poderoso castigo»

En el ensayo de Lezama sobre Casal, el poeta se transforma en el precursor de una compleja visión poética. Según Lezama, en la obra de Casal, las sensaciones estéticas del paisaje, las citadas «voluptuosidades naturales», no conducen directamente a la representación sino que pasan por el cuerpo y por su centro erótico, «un centro de mayor energía» (1977: 75). Marcada por lo erótico, la imagen poética no reproduce el paisaje, como en un soneto del parnaso criollo. Al contrario, la imagen organiza el orden de lo visual en torno a ese «centro de mayor energía». Las imágenes surgen tanto del paisaje como del centro erótico y su pasar revela la imagen propia de Casal, el rostro que quiso dar a su subjetividad.

Refiriéndose al soneto del *museo*, «Galatea», dice Lezama: «Una de las mayores delicias que nos rinde Casal es cuando logra simultanear esas energías sexuales respaldadas por un paisaje líquido». Abandonado lo sexual en «Venus Anadyomena», la imagen cobra «una plasticidad y una rapidez eficaces» (1977: 76). «La lujuria» del ojo verde de Polifemo se cumple en la imagen estética, donde se alternan el verde de la mirada y «la piel color de rosa» del cuerpo contemplado. Lezama define una estética casaliana animada por el erotismo, cuyo centro es el cuerpo, el lugar donde la percepción del paisaje insular se transforma en imagen estética, es decir incorporada, en toda la latitud de la metáfora. Sin embargo, en Lezama también el cuerpo se distancia, o se transubstancia.

De «las arborescencias que los herpes dibujan sobre la piel» del cuerpo marcado por las llagas, Lezama pasa al cuerpo metafórico de la obra, que Casal puede contemplar «como un cuerpo desprendido o como un planeta muerto» dice Lezama (1977: 78). La contemplación a la que se refiere Lezama se sitúa en el umbral de lo simbólico, como lo sugiere la alusión a Lezama al comienzo de *Maitreya* de Severo Sarduy:

> La cabeza, como un planeta arrancado a su ley que al caer volviera al estado de lava, de cal o de nácar, en un despliegue helicoidal y luminoso, quedó convertida en una concha marina que soplada al aire, emitía un sonido invariable y sordo, vibración carbonizada de un estampido remoto». (1978: 23)

Arrancada de la ley, y de la totalidad de su cuerpo, la cabeza es la representación de otra ley, la ley del lenguaje, de la metonimia y la metáfora. Lezama encuentra en Casal una de las fuentes de esa transformación, cuyo origen es el cuerpo y cuyo legado es una pálida y sin embargo poderosa representación: «Resiste Casal en propio cuerpo los rigores de la poesía, su convocatoria y último remontar» (1977: 83). Si Baudelaire castiga la flor por la insolencia de su naturaleza, porque «va a decirnos el vencimiento del mundo colérico de los fenómenos», en Casal la furia y el castigo recaen sobre su cuerpo: «Un poderoso castigo va cayendo tan solo sobre su intimidad resistente, con un ademán inequívoco que acabará por hundir su vida, obligándonos a encararnos con su poesía por lo que opuso de resistencia a lo incomprensible de ese castigo» (1977: 83).

La «intimidad resistente» que menciona Lezama alude al «sexo» roído por el «cuervo de pico acerado» en «Horridum Somnium»; pero Lezama se aparta del tema y pasa a otra sección donde se contrastan el «esteticismo» de Casal y el «dandysmo» de Baudelaire. Después de mencionar la descripción de las llagas en la consulta del médico, Lezama añade: «Pero no sería tan sólo en ese acercamiento demasiado inmediato en el que habitaría Casal» (1977: 74), y pasa a comentar la presencia del trópico en Casal. Lezama avanza hacia una definición del esteticismo peculiar de Casal, animado por la voluptuosidad del cuerpo, que se cumple en la lectura animada por un erotismo compartido a la distancia. Sin embargo, en la sección III del ensayo, subtitulada «Esteticismo y "dandysmo"», Lezama condena el esteticismo y afirma el «dandysmo» de Baudelaire como una decisión fundamental de carácter moral y existencial, e incluso metafísico: al Baudelaire sartreano se une el Baudelaire lezamiano.[21]

En la tercera sección del ensayo sobre Casal, Lezama parece desmentir su fascinación inicial por la escritura de Casal. En las dos primeras partes del ensayo, Lezama alude a Schopenhauer cuando sugiere que el sujeto casaliano vive una doble relación con su propio cuerpo, que es a la vez «noumenal», o autotélico, y «fenomenal», perteneciente al mundo que perciben los sentidos. En su lectura de Casal, Lezama inicialmente reconoce, como Schopenhauer según el comentario de Terry Eagleton, que «la carne es la frontera borrosa donde la voluntad y la representación, dentro y fuera, se reúnen misteriosa e impensablemente» (Eagleton 1990: 170-171; mi traducción). Sin embargo, en la tercera parte Lezama se aparta de la carne para afirmar el dandysmo moral de Baudelaire sobre el esteticismo corporal, y artificial, de Casal.

El peso que da Lezama al carácter moral del dandysmo de Baudelaire desplaza su argumento del plano estético al plano ético. La falta de fe del dandy de Baudelaire lo devuelve a la fe y «dedica sus

---

[21] Véase Sartre 1947.

últimos años a los sorbos teologales», donde finalmente coincide «con el antropocentrismo católico» (1977: 87-88). El dandysmo llega a los grandes temas, «buscando el paraíso revelado y las reducciones del pecado original», mientras que el esteticismo «culmina en las vitrinas». El dandy sufre el hastío que produce la naturaleza, y el esteticista el hastío que produce el artificio. Lezama manifiesta su fascinación por Casal, pero al compararlo con Baudelaire, señala ciertos reparos y se distancia así del misterio y el castigo de la sexualidad de Casal, y del deleite y el hastío del artificio, la «mera verba», la incapacidad de los «grandes temas». Se distancia de la reflexión del rostro de Casal en las vitrinas de la capital colonial.

Characterísticamente, hacia el final del ensayo, Lezama borra la distancia que acaba de marcar. Recupera a Casal en una imagen final donde erotismo y esteticismo se acoplan perturbadoramente: «Pero Casal viene a cumplir en nuestra literatura lo entrevisto de los sentidos, que permiten ver la noche acurrucada en una hoja y a esa misma hoja trocarse en oído o en concha marina. Lo que se esconde detrás de un cuerpo, y que apenas muestra sus orejas como dos índices groseros» (1977: 96). Lezama parte del erotismo de Casal, pero cuando se acerca a «ese cuerpo» o mejor dicho a «lo que se esconde detrás de un cuerpo», su discurso alterna vertiginosamente entre la metáfora y la metonimia: «la noche acurrucada en una hoja y a esa misma hoja trocarse en oído o en concha marina». El «secreto» de Casal, tanto en su obra como en la crítica, genera signos y todo signo oculta. «Lo que se esconde detrás de un cuerpo y que apenas muestra sus orejas como dos índices» es fálico (orejas, índices escondidos) y por «grosero» que sea, se asocia a la fuente erótica de la energía poética. La crisis moral y religiosa que Lezama lee en Baudelaire necesitaba de un sujeto fuerte, próximo todavía a los rigores del alto romanticismo, pero en Casal no hay fuerza, hay fatiga del sujeto. Hay «sacrificio», concluye Lezama, y la posibilidad de la reconstrucción de «la figura que se sitúa en el espacio». El Casal de Lezama no deja de sufrir de la ansiedad de la influencia frente a la poderosa figura del maestro Baudelaire.

Por otra parte, valdría la pena considerar otra relación entre Casal y una de sus fuentes más conocidas, una relación menos teleológica, es decir menos lezamiana. Tanto literal como simbólicamente, Casal es el traductor cubano del capital simbólico europeo. Como se verá en el capítulo quinto, Casal no es el poeta ansioso de Harold Bloom, el que llega tarde al banquete de la cultura. Siguiendo las sugerencias de Gustavo Pérez-Firmat, prefiero llamarlo el «espectador apasionado» y el traductor de lo ajeno. Su llegada tardía al banquete no lo inquieta; al contrario, garantiza la contemplación alucinada de su ruina.

Las páginas que siguen constituyen la reconstrucción parcial del gesto de un cuerpo ausente diversamente representado. Pero antes quiero ir fuera del marco que inexorablemente comienza a dibujarse. Ya que se trata de «lo sexual» en Casal, para que el tema no parezca tan anómalo, tan aislado, y tan literario, debe reconstruirse al menos un fragmento del ambiente de la Habana contemporánea de Casal, para que los «marginados» que lo constituyen presten su presencia coral a la lectura. Como cualquier habanero, Casal pasó por las aceras donde se congregaban esos «tipos», pero nadie sabe qué contacto tuvo con ellos, o si simplemente cruzó a la acera de enfrente. Por supuesto que interesa la vida privada de Casal, pero no hay acceso a ninguno de sus secretos que no se hayan escrito.

Por otra parte, distanciado del cuerpo que lo produjo, el erotismo de Casal, «el quitasol de un inmenso Eros», en el verso de la «Oda a Julián del Casal» de Lezama, se estiliza, se estetiza hasta encontrar su mejor imagen en una de las hetairas fatigadas dibujadas en la poesía del mismo Casal. La imagen es una entelequia; de su notoria finalidad depende el triunfo del arte, según la tradición que heredaron Casal y los modernistas. En cambio, la crítica contemporánea no puede simplemente reproducir o señalar el valor indiscutible de la imagen modernista. Debe seguir otra ruta, también señalada por Lezama en la oda a Casal, donde dice «Nuestro escandaloso cariño te persigue». Seguirle el hilo a ese cariño ya es transformar el secreto y el «castigo» urdidos sobre lo sexual en simpatía erótica a la distancia. El secreto de

Casal se asocia inevitablemente al célebre interior modernista, donde se «burila» el objeto estético. La crítica no ha dejado de señalar en la obra de Casal la relación entre la labor secreta del artífice modernista y el castigo del cuerpo. Sin embargo, hay otra ruta posible, es decir, salir a la calle, como salió Casal en su papel de cronista y de paseante habanero. Por las calles habaneras ya los «pederastas» formaban una multitud aparte, lo suficiente visible para escandalizar a la gente decente. Por allí «errar se mira al soñador sombrío» de «Las alamedas», llenas de miradas furtivas y personajes solitarios.

4. Dependientes y pederastas

Desde un comienzo, la crítica puso sobre el tapete, por así decir, la cuestión de la sexualidad de Casal, fundando una leyenda basada en ciertos datos biográficos y sobre todo en una lectura causalista de la obra; el tema se menciona y enseguida se pasa a otros temas aledaños, como el de la enfermedad corporal, el desgano espiritual, y el contraste vida/arte, correlatos de lo sexual tanto en la crítica como en la obra estudiada. Semejante espejismo opaca el asunto, y suponiendo que ese haya sido el deseo del mismo Casal, no tiene por qué serlo el de la crítica, cuya labor inevitablemente parcela y reordena los textos disponibles para tratar de entenderlos mejor, no para participar consciente o inconscientemente de su simulación original.

La «impureza» de lo sexual ni se reprime y ni se trasciende en el erotismo estético. El título del poema no es «Cuerpo o alma» sino «Cuerpo y alma». Las referencias reiteradas de la crítica a lo erótico-sexual en Casal han tendido tanto a mistificarlo, en el sentido de «deformar», como a marginarlo. Se menciona ceremoniosa o cautelosamente lo erótico y lo sexual en Casal y luego se pasa a otros temas considerados más pertinentes o centrales, notablemente lo estético y sus consabidas ramificaciones modernistas. Pero si la estética depende de las sensaciones del cuerpo y ese cuerpo demuestra una sexualidad «problemática», ¿cómo esperar una comprensión cabal del objeto estético sin al menos intentar un circuito que se acerque al cuerpo, que diga sus síntomas y que señale sus lagunas, aunque no pueda sondar sus aguas, para remedar una de las metáforas anímicas de la época?

En los comentarios sobre la sexualidad de Casal, es notable la ausencia total de un contexto social donde situarla. Puesto que no se deja nombrar, la heterodoxia de su sexualidad lo transforma aún más en un ser único, radicalmente diferente, totalmente aislado en las reconstrucciones de la crítica, donde se borra inexorablemente el cuerpo en cuestión[22]. La sexualidad del cuerpo de Casal no solo no encuentra un nombre propio sino que se reduce a la categoría de lo anómalo y lo aislado definitivamente. El vocabulario psicológico utilizado por gran parte de la crítica, represión, sentido de culpabilidad, timidez, ha contribuido a ese aislamiento. Como parte de la introducción a la relectura de Casal, será provechoso desplazar la investigación del plano psicológico, donde se reproducen ciertos prejuicios originales a la definición misma de la homosexualidad, hacia el plano social[23]. Si en La Habana finisecular las prácticas sexuales aberrantes o «anormales» se desconocían, lo cual es altamente dudoso, o si simplemente no se nombraron en lo absoluto, lo cual es más probable, no habría manera de documentar dicho plano social en el cual contextualizar la persona poética de Casal, su respuesta estética, y los comentarios sobre su rareza y sobre su degeneración vital y literaria, el denominador común de casi toda la crítica contemporánea de Casal y de gran parte de la crítica posterior.

El comentario que sigue sobre la evidencia de prácticas sexuales heterodoxas en la Habana finisecular pretende agrietar el secreto de Casal, para que no resurja de nuevo como un misterio indecible cuando se comente la obra, para ir más allá de las alusiones y los cir-

---

[22] Me han sido útiles los comentarios de Paul Julian Smith (1989) sobre el «enfoque corporal» de la crítica en un contexto hispánico.

[23] Al desplazar «el territorio» en cuestión de factores psicológicos a factores sociales, Eve Sedgwick (1985) ha liberado a los críticos de la tendencia a enmarcar sus comentarios en términos de un discurso que ignora sus propios prejuicios.

cunloquios sobre una «diferenciación» de carácter psicológico y para leer más eficazmente los temas y los desvíos retóricos que constituyen las imágenes textuales que representan ese secreto. Dos tratados donde se comenta explícitamente la homosexualidad y una crónica de Casal que alude sutilmente al tema, que más bien lo borra estéticamente se publican en La Habana en el mismo período de uno o dos años. Es muy probable que la crónica de Casal sobre el «Centro de Dependientes», publicada en *La Discusión* el 28 de diciembre de 1889, respondiera a un debate contemporáneo sobre la homosexualidad en la capital, y específicamente sobre el comportamiento sexual de los dependientes, un debate ventilado en dos libros publicados unos meses antes de la crónica: *La prostitución en La Habana,* por el Dr. Benjamín Céspedes y *El amor y la prostitución. Réplica a un libro del Dr. Céspedes,* por Pedro Giralt[24]. El léxico explícito de los dos tratados donde se comenta, o se niega, la homosexualidad de los dependientes, y su compleja urdimbre metafórica, donde del cuerpo se pasa a la ciudad y a la cuestión nacional, contrasta con la descripción en la crónica de Casal, donde se alude a uno de los tratados, pero donde la relación entre los jóvenes se representa en términos de amistad y cariño fraternales pero no sexuales, y donde la descripción prolija del salón principal del centro ocupa casi la mitad de la breve crónica.

La versión de Casal demuestra los límites de la prensa donde publicaba o los límites que se impuso el mismo cronista. Igualmente demuestra la división radical entre las prácticas simbólicas, entre la crónica y el tratado científico o político. Los dos tratados comentan la sexualidad aberrante, el primero para analizarla como un fenómeno social y el segundo para condenar las implicaciones morales de ese análisis. En ambos, el punto de apoyo es el cucrpo, siempre grotesco e impostor. Desde la consulta del médico hasta el circo, el museo y las aceras urbanas, la obra de Casal está poblada de cuerpos;

---

[24] El primer libro se publicó en La Habana (Tipografía O'Reilly, 1888); el segundo en la misma ciudad (La Universal, 1889).

en cambio, en la crónica sobre los dependientes, el recinto descrito aparece despoblado, totalmente carente de cuerpos. Como si quisiera llenar el espacio vacío, el cronista detalla los muebles de las aulas y el decorado del salón de fiestas. La homosexualidad comentada por el doctor y condenada por el panfletista es indecible; se esconde más bien detrás de una proliferación de significantes que enmarcan y reducen violentamente el salón descrito. Las paredes, «pintadas de óleo de un color azul pálido», están

> ornadas de simétricos *panneaux,* formados con varillas de madera dorada, que resaltan al brillo de la luz que despiden las arañas de cristal. Dentro de un *panneau* hay una luna veneciana, sujeta por ancho marco de bronce, y en otro una copia de un cuadro célebre, pendiente de fino cordón de seda azul turquí (1963b, 2: 19).

Sigue la descripción del techo, de una tribuna, y de «un teatrito precioso, alegre como una pajarera y reluciente como una caja de juguetes». La reducción vertiginosa y jadeante del salón clausura la posibilidad de que un cuerpo lo atraviese: un salón ornado de *panneaux,* que contiene una luna veneciana, sujeta por... etcétera, donde también hay un «teatrito precioso», que se reduce aún más en «una caja de juguetes». Sin embargo, del Centro de Dependientes viene el cuerpo, visiblemente marcado por la sexualidad, del joven «pederasta» entrevistado en el tratado del doctor Benjamín Céspedes.

La prostitución en La Habana del Dr. Céspedes incluye un prólogo de Enrique José Varona, cuyo relieve en los círculos intelectuales y políticos de la época no hay que mencionar. Fue también uno de los primeros lectores y críticos de Casal, como se verá en más detalle en el capítulo siguiente. En su prólogo al estudio del Dr. Céspedes, Varona lo alaba porque «nos invita a acercarnos a una mesa de disección, a contemplar al desnudo úlceras cancerosas, a descubrir los tejidos atacados por el virus» (1888: xi). El cuerpo enfermo es la ciudad misma y la «disección» del doctor es útil puesto que señalar el mal es de algún modo comenzar a sanarlo. La metáfora médica de Varona, sin embargo, no permanece en el plano de la retórica; encuentra su referente en el examen que hace un colega del doctor, «un distinguido facultativo», de uno de los moradores de la ciudad enferma. Es decir, el doctor Céspedes pretende que no fue él quien entrevistó al joven homosexual, sino un colega, a quien no se nombra. Se trata de un gesto de distanciamiento transparente frente a un tema demasiado peligroso para admitir que se ha tratado de cerca. Un capítulo del libro de Céspedes se titula «La prostitución masculina», donde se presenta detalladamente el ambiente «pederasta» de la ciudad. Vale la pena citar parte del párrafo inicial de este capítulo no solo por la definición que presenta de la homosexualidad sino porque se trata de una «aberración» tan difundida como la prostitución:

> Y aquí en la Habana, desgraciadamente, subsisten con más extensión de lo creíble y con mayor impunidad que en lugar alguno, tamañas degradaciones de la naturaleza humana; tipos de hombres que han invertido su sexo para traficar con estos gustos bestiales, abortos de la infamia que pululan libremente, asqueando a una sociedad que se pregunta indignada, ante la invasión creciente de la plaga asquerosa; si abundando tanto pederasta, habrán también aumentado los clientes de tan horrendos vicios. (1888: 190)

El doctor comenta la tendencia de algunos de los tales pederastas a fraternizar con las prostitutas, pero más perturbadora es la presencia de los «clientes», que sugiere un comercio que ha transformado la capital en una «de esas ciudades sodomíticas», una versión criolla de «la Roma decadente». Inmediatamente sigue la clasificación irrisoria de los pederastas en «tres clases»: «el negro, el mulato y el blanco». La clasificación es una de las maneras de marcar la objetividad científica y de distanciar al observador de una comunidad dispersa por toda la ciudad, «repartidos en todos los barrios de la Habana». Como la prostituta y como el vampiro, «Por la noche se estacionan en los puntos más retirados del Parque y sus alrededores más solitarios».

Sigue una descripción del pederasta «afeminado» que cito por su carácter arquetípico; valdría tanto en «la Roma decadente» como en el Nueva York de mañana:

> Durante las noches de retreta circulan libremente confundidos con el público, llamando la atención, no de la policía, sino de los concurrentes indignados, las actitudes grotescamente afeminadas de estos tipos que van señalando cínicamente las posaderas erguidas, arqueados y ceñidos los talles, y que al andar con menudos pasos de arrastre, se balancean con contoneos de mujer coqueta. Llevan flequillos en la frente, carmín en el rostro y polvos de arroz en el semblante, ignoble [sic] y fatigado de los más y agraciado en algunos. El pederasta responde a un nombre de mujer en la jerga del oficio. (1888: 191)

Llama la atención en la descripción la actitud de la policía, los representantes inmediatos del poder que debe controlar el comportamiento de los ciudadanos y que, sin embargo, parece no hacer caso a la presencia de los pederastas, o de las prostitutas; es decir, la parcelación del espacio urbano se da por sentada dentro del «orden natural del desorden», en la frase de Foucault. El estereotipo del afeminado, casi un travesti, tan verídicamente representado, se complica con la mención del rostro «agraciado» de algunos y más adelante de sus «amantes preferidos» y de las fiestas que celebran «entre ellos», donde «fingen» partos y bautizos. Siguiendo la pauta del cientifismo decimonónico, el doctor trata de relacionar el comportamiento homosexual con la criminalidad y la enfermedad, pero la misma objetividad científica no le permite caer en el panfletismo. Anota, por ejemplo, que «No siempre son pasivos en sus relaciones sexuales» y que «se prestan a ser activos». Su descripción ratifica la existencia de un ambiente homosexual en La Habana finisecular, similar en su manejo público de heterodoxias genérico-sexuales a otros centros metropolitanos antes de 1969, el año del «motín de Stonewall[25]», momento clave en

---

[25] Sobre Stonewall, véase Katz 1976: 508 y Duberman 1993.

el origen del «movimiento de liberación gay», que en tan diversas maneras transformó esos mismos espacios públicos.

El vicio contra natura descrito por Céspedes tiene otro lugar preferido, los talleres y establecimientos donde hacían vida común los jóvenes aprendices y los empleados públicos, que llegaban a la capital del interior o del extranjero y que a falta de familia o del consabido tío, pernoctaban en los lugares de trabajo o en algunos recintos organizados con el fin de albergarlos. El capítulo sobre «La prostitución masculina» concluye con una entrevista a uno de esos jóvenes «como de quince años de edad», que creía «estar *dañado* por dentro». El médico le diagnostica un «chancro infectante sifilítico» y luego fija su atención en el muchacho: «noté lo afeminado de su rostro, tan agraciado como el de cualquier mujer, y lo redondo y mórbido de sus formas de adolescente», «mórbido» por supuesto en el doble sentido de «suave, blando, delicado» y «que padece enfermedad o la ocasiona». El «mórbido» del doctor es uno de los adjetivos claves de los diversos «decadentismos» finiseculares y de sus detractores porque rubrica tanto la enfermedad como la «erotomanía» y la «egomanía», para citar la bestia negra bicéfala de Nordau.

La entrevista del médico con el muchacho, dependiente en una tienda de ropa, revela otros detalles del ambiente homosexual de la época. En el lugar donde pernocta, los compañeros «acarician» al muchacho y «hacían conmigo ciertos manejos»; «con casi todos», responde a las preguntas insistentes del médico; porque «me pegaban», dice en un comienzo y luego añade: «Me besaban y me cogían la mano y yo tenía que hacerles». Entre esos «todos», «habían [sic] dos que dormían juntos, pero a esos se les miraba con más respeto». En la entrevista de su supuesto colega, citada *verbatim* por el doctor Céspedes, en medio de tanta referencia a lo grotesco y lo enfermizo, el «respeto» de los compañeros hacia los dos que «dormían juntos» es sorprendente y conmovedor. En cuanto a la autoridad, en este caso el «principal» del comercio, es tan indiferente como la policía, y «con tal de no aflojar dinero, en lo demás no se mete en esas cosas feas», dice el muchacho (1888: 194), sugiriendo la relativa tolerancia hacia las prácticas en cuestión.

El estudio del doctor Céspedes reproduce los dos fundamentos de la definición original de la homosexualidad. Por una parte, se trata de una enfermedad con síntomas identificables, especialmente cuando el cuerpo, como el del chico entrevistado, está marcado por «chancros» u otros síntomas patológicos; por la otra, se amplía la metáfora patológica y se trata de una enfermedad social que «infecta» el resto del cuerpo político sano. Importa señalar el juego metáforico en los comentarios del doctor. El referente de las metáforas somáticas del mal es el cuerpo del muchacho. El entrevistador aprovecha metáforas antropomórficas que ya eran moneda corriente, descriptivas tanto de la ciudad como de la obra «decadente» del propio Casal. En la descripción del ambiente homosexual de la Habana finisecular se dibuja la red metáforica que sostiene la autoridad científica del saber de la época, aplicado tanto al crimen, la enfermedad y la homosexualidad como a las prácticas simbólicas, específicamente la escritura, donde predomina «el adorno del exterior» y la incapacidad de «dibujar», es decir, de significar nítidamente, «en el luminoso círculo focal de la conciencia» (Nordau 1895: 61).

En los comentarios del doctor Céspedes, la homosexualidad se sitúa ambiguamente entre la enfermedad y la práctica simbólica. Los «pederastas» son seres «viciosos», marcados por los síntomas de las enfermedades venéreas. Además, «fingen» los comportamientos sociales que en ese momento definen a «la mujer», particularmente la prostituta, es decir, se maquillan con polvo de arroz, se contonean al caminar y por supuesto tienen clientes. La condena del cuerpo «malsano» del muchacho y del ambiente «perverso» en que se mueve contamina a su vez los comentarios críticos sobre la obra de Casal. Se escucha su eco en las descripciones del cuerpo enfermo y corrupto en algunas de sus crónicas y poemas, y en la identificación de la ciudad tanto con el mal y la decadencia como con la creación poética, resumida en los célebres tercetos: «Tengo el impuro amor de las ciudades, / y a este sol que ilumina las edades / prefiero yo del gas las claridades». En el capítulo sexto se comentará la plurivalencia de «la impureza» en la ciudad de Casal.

El ambiente descrito por el doctor Céspedes es absolutamente marginal; los pederastas viven en «guaridas» y aunque circulan por el centro de la ciudad, se limitan a su periferia y a las horas nocturnas: «se estacionan en los puntos más retirados del Parque y sus alrededores más solitarios» (1888: 190). La entrevista con el muchacho se desarrolla en la consulta de su «distinguido compañero», dice Céspedes, donde «el médico tiene el deber, como el confesor, de ser reservado en todos los asuntos de sus clientes» (1888: 193). El médico ha reemplazado al sacerdote, pero se conserva el carácter confesional del discurso sobre la sexualidad y la discreción, la distancia y el poder de quien lo escucha. Para distanciarse y marcar su autoridad, y sobre todo su diferencia, representada como la ausencia de lo sexual, el doctor utiliza los recursos del narrador privilegiado del naturalismo comentados por Josefina Ludmer (1977: 122-123). Se trata de un «especialista» que nombra la enfermedad y hace entrar el cuerpo en «el círculo focal» de su propia representación, que correlativamente niega toda representación ajena: los pederastas fingen como fingen todos los «impostores» decadentes.

Los pederastas del doctor Céspedes son seres marginados no solo por sus preferencias sexuales sino también por su clase. Criminales de oficio, son además «desaseados y alcoholistas», «lavanderos, peluqueros y criados de las prostitutas». Los dependientes y empleados de las tiendas pertenecen a la clase obrera, y el doctor afirma que las condiciones de vida de este grupo facilitan el desarrollo de la homosexualidad. Salvo en la mención fugaz de los clientes, la clase dominante, a la que pertenecen letrados y profesionales como el mismo doctor, queda lejos de esos «seres viciosos», reificados en aras de la ciencia y presentados a la clase hegemónica como objeto de estudio, como las monstruosidades de un museo de historia natural. La solución ofrecida finalmente por el doctor no es de carácter moral ni psicológico sino social: los «mancebos célibes» no deben recluirse en falansterios donde la ausencia de la mujer los conduce a la «incontinencia bestial entre hombres» (1888: 195).

El libro del doctor Céspedes tuvo una respuesta casi inmediata, que amplía significativamente el panorama de la homosexualidad en el fin de siglo habanero, aunque sin duda ese no fue su propósito. Un año después de aparecido el libro, se publica una «respuesta» donde se defiende la virilidad de los dependientes y se señalan «los vicios» de la burguesía y las clases profesionales, específicamente las clases criollas, puesto que el médico, «hombre vulgarísimo y completamente inepto para especular seriamente en los altos y sublimes principios de la Ciencia», ha imputado «a todo un grupo social los defectos aislados de uno de sus individuos» (Giralt 1889: 83). En el tono iracundo del panfletista, el autor ataca el «fanatismo del criollismo» en la «obra pornográfica» del doctor, porque cree que este ha sugerido que la prostitución y la homosexualidad son males de origen europeo que han contaminado la isla. Un gran número de los habitantes de los albergues de empleados y dependientes descritos por el doctor Céspedes era de origen extranjero, en su mayoría españoles recién emigrados, y el autor del tratado lleva las «necesades científico-sociales» del doctor al plano del debate contemporáneo sobre el nacionalismo.

Pedro Giralt, el autor de la «Réplica…[al] Dr. Céspedes», excusa el comportamiento de los que hacen «papel de hembras» porque lo hacen no por placer sino para «ganarse el sustento». Además, muchos de ellos pagan su «deuda» con la sociedad cuando el Gobernador Civil los condena al penal de Isla de Pinos. En una cita sorprendente del célebre soneto de «Sor Juana Jesús de la Cruz» [sic] sobre cual es más pecador «la que peca por la paga / o el que paga por pecar», Giralt vuelca su ira no sobre los pederastas sino sobre sus clientes, que no son dependientes sino miembros de la elite urbana:

¿Cómo calificaremos, pues, a estos pederastas activos y *paganos* que van o iban a solicitar a los *maricones* para *ocuparlos* pagándoles con dinero? No obstante estos, más culpables que los *pasivos*, no han sido deportados, y se están paseando por las calles de la Habana. ¿Serán dependientes? ¡Ah, si se pudiera decir ciertas cosas que la vergüenza pública prohíbe revelar!; si fuera lícito contar con nombres y apellidos ciertas historias íntimas y secretas cuyos detalles se cuentan *sotto voce* por los corrillos; las confidencias de algunas mujeres a sus comadres y de éstas a sus íntimos, aparecerían a la luz del sol con toda su repugnante fealdad más de cuatro entes, al parecer bien educados, que llevan levita y ocupan señalados puestos. (Giralt 1889: 83-85; énfasis del original).

Giralt no respeta las fronteras clasistas tan cuidadosamente marcadas por el doctor Céspedes. La terminología anti-científica de Giralt tiene además el valor de lo explícito: se trata de «maricones». Los comentarios de Giralt revelan lo ficticio de la marginación de los pederastas en la descripción médico-social de Céspedes. Según Giralt, los menos afortunados, es decir los de la clase obrera, fueron a parar a la cárcel de Isla de Pinos, pero sus clientes se pasean impunemente por plena Habana porque su buen nombre, su educación, en fin su clase social, la clase de los «que llevan levita y ocupan señalados puestos», los protege. Al defender «la honradísima y sufrida clase de dependientes del comercio», Giralt señala la amplitud y la difusión de las prácticas homosexuales en La Habana de 1889. Al rechazar el cientifismo del doctor, los argumentos disparatados de Giralt transforman el diagnóstico del cuerpo enfermo del muchacho y de cierto sector de la ciudad en una oposición socio-política entre la clase obrera, en este caso compuesta en su mayoría de peninsulares recién llegados, y la burguesía profesional criolla, que desde la prensa dirigía, como lo hizo el propio Casal, diversos ataques más o menos velados a las autoridades coloniales.

Como se ha mencionado antes, la crónica de Casal «A través de la ciudad. El Centro de Dependientes» apareció, firmada con el pseudónimo de «Hernani», en *La Discusión*, el 28 de diciembre de 1889 (1963b, 2: 17-20). La crónica fue escrita después de una visita al Centro, situado «en los altos del teatro Albisu», uno de los tantos «centros», «liceos» y «colonias», instituciones gremiales, docentes y sociales que se propagaron por toda la isla. Casal describe las condiciones que han llevado a los jóvenes a abandonar su provincia española, el esfuerzo de su trabajo y la integración de muchos de ellos a la sociedad cubana. El Secretario del Centro guía al cronista por todo el recinto, que resulta ser un verdadero falansterio con salones de lectura, aulas donde tienen acceso gratuito al curriculum de una escuela de comercio, y un salón de fiestas, que recibe todo un párrafo descriptivo. El libro de Céspedes, con el prólogo de Varona, fue publicado en 1888; el de Giralt se publicó al año siguiente. Casal regresó de Madrid en enero de 1889. Es muy poco probable que haya desconocido los libros de Céspedes y de Giralt. Al contrario, lo más probable es que se le asignara la crónica para *La Discusión* con la intención de suavizar los términos del debate entre criollos y peninsulares, exacerbado por los ataques de Giralt, y de borrar, o más bien desdibujar estéticamente, la escabrosa cuestión de la homosexualidad en los centros de dependientes.

La crónica de Casal parece haber sido provocada por el deseo de investigar una situación curiosa o interesante, o al menos ese es el pretexto que sugiere Casal: recoger «los datos que reclamaba nuestra insaciable curiosidad» (1963b, 2: 18). El Centro está totalmente vacío, salvo por la presencia neutral del Secretario. Para mostrar que en los centros no existía el ambiente descrito por el muchacho entrevistado por Céspedes, Giralt se había referido a su «regimen disciplinario» y al hecho de que «está prohibido hablar de política». Casal casi lo cita textualmente cuando dice que allí «está permitido hablar de todo menos de política», y continúa con una descripción casi pastoril de los jóvenes:

> ¿No es más agradable comunicarse sus ensueños de riqueza y sus proyectos para lo porvenir? ¿No es más bello recordar la patria lejana, donde se ha pasado la infancia y donde hay seres queridos que nos aguardan? De este modo ¿no se obtiene más pronto el fin apetecido, que

es el de estrechar cada día más los lazos de cariño, simpatía y amistad entre los dependientes? (1963b, 2: 19)

En los tratados de Céspedes y Giralt se comenta la homosexualidad con franqueza sorprendente, a la vez que se trata de limitarla al cuerpo y sus síntomas. En cambio, Casal señala el lado afectivo e incluso sentimental en la relación entre los hombres del Centro. En la entrevista con el chico de quince años, el respeto que sienten los demás por dos hombres que dormían juntos contrasta con la jerga de la patología que el doctor aplica tanto a los males del cuerpo del muchacho como a los de la ciudad contaminada por el vicio. Correlativamente, podría decirse que el sentimentalismo de Casal contrasta con el cientifismo del doctor y con la vulgaridad y el desprecio del panfletista Giralt.

El sentimentalismo, como estilo y modalidad tanto literarios como pictóricos, tiene una de sus fuentes en la sensibilidad o afectividad del siglo XVIII. El sentimentalismo atraviesa los diversos esteticismos del fin de siglo XIX, incluso el modernismo, donde se opone a la tradición positivista. Luego, se opaca con el triunfo del formalismo y el rigor de la crítica a partir del fin de siglo XIX y principios del XX. Sin embargo, en el caso de la crónica de Casal, tal vez no se trate simplemente de una moda literaria o de un estilo individual sino de una manera, aunque fugaz y sutil, de sugerir el aspecto afectivo y por lo tanto subjetivo de la homosexualidad, el objeto de la cruel disección del doctor y de la arenga estridente de su enemigo panfletista.

No obstante, el afecto que sugiere el sentimentalismo de la crónica de Casal tiene su precio: no tolera la presencia del cuerpo. El cuerpo, tanto el propio como el ajeno, se distancia o más bien se cubre con los detalles lujosos en la descripción, casi la reducción estética, del recinto: un salón, un teatrito, una caja de juguetes, una pajarera, el refugio de un sujeto que apenas señala su propia presencia y que en semejante contexto, definido por el doctor Céspedes y el panfletista Giralt, no se atreve a señalar la ajena. En la crónica de Casal, para que triunfe el «cariño, simpatía y amistad entre los dependientes», debe borrarse toda señal del cuerpo. En el Centro, totalmente vacío durante la visita de Casal, «los dependientes» se pierden en un plural incorpóreo y abstracto como si el cariño, la simpatía y la amistad que se tienen entre sí dependieran de esa ausencia. Lo innombrable en la crónica no es solo la homosexualidad sino el cuerpo erótico, que debe transformarse estéticamente, o que debe pasar a otro registro del erotismo, que debe figurar de otra manera y en otros recintos, en el circo, en el museo, en la pesadilla, los lugares predilectos de su representación.

II.
Un autorretrato insólito

En mayo de 1890, la Imprenta del Retiro publicó *Hojas al viento*, poemas en su mayoría ya publicados en la prensa habanera a partir de 1883. El juicio de la historia literaria sobre el libro ha sido más o menos unánime y no se trata de contradecirlo: «ese libro de iniciación, en cuyas páginas solo mediante relampagueos intermitentes aparece aquel artífice superior que ya en *Nieve* había encontrado su camino de perfección» (Henríquez Ureña 1954: 123-124). El primer volumen de Casal es el cuaderno de trabajo de un joven poeta, abundante en «imitaciones» y «versiones» de los maestros europeos: Coppée, Gautier, Heredia el francés, Hugo, Heine. *Hojas al viento* es la iniciación de Casal en las letras cubanas y en el modernismo hispanoamericano, un comienzo prometedor y convencional.

Sin embargo, si el desvío de Casal frente a sus modelos europeos fue ortodoxo, su desvío en el contexto de la cultura cubana finisecular fue algo más complejo. Junto al encomio de las primeras reseñas sobre el libro comienza a definirse una respuesta a Casal cuyo propósito es marginarlo de la cultura hegemónica o crearle un espacio aparte donde brotarían «sus flores extrañas», según el lugar común de la época. Las lecturas locales de la primera obra de Casal demuestran la parcelación explícita de lo estético y la marginación implícita de lo erótico que acompañaron los diversos esfuerzos por definir un consenso cultural nacional. En este contexto, la obra de Casal llegó a constituir un desvío perturbador. Según sus críticos, se mezclaban en ella la enfermedad y un erotismo falto de energía, al margen de «lo normal», lejos de la virilidad y la sexualidad reproductiva, lugares comunes centrales en el saber decimonónico (Mosse 1985). La retórica de la marginación aplicada a la obra de Casal se nutrió de metáforas erótico-sexuales tomadas del consabido repertorio «decadente» y utilizó algunos de los «temas» casalianos para situarlo en una cofradía «maldita». Esa crítica nacionalista y tautológica a la obra de Casal pasó por alto la ironía sutil y el sesgo estético que orientaban su escritura.

Dos tipos de lecturas definieron la recepción original de la poesía de Casal: por una parte, una lectura de estirpe positivista y nacionalista iniciada por Enrique José Varona; por otra, la lectura subjetiva, casi impresionista que llega desde el exterior. Me refiero a las respectivas reseñas de Zeno Gandía en Puerto Rico y Luis Urbina en México. En el primer encuentro entre la nueva poesía de Casal y la crítica se precisa «la distorsión con que la imagen de Casal pasó de su siglo al nuestro» (Armas 1981: 235). La crítica actual es heredera de esa distorsión y tal vez no pueda eliminarla para rehacer a su gusto «la imagen de Casal». Pero si la vuelta a los textos de Casal y de sus críticos, donde originalmente comenzó a dibujarse esa imagen distorsionada, sin duda provocará una distorsión propia, también podrá tal vez dibujar otra imagen de Casal, más atenta al reclamo de este otro fin de siglo [xx].

1. «Nací en Cuba»

A pesar de que *Hojas* es una colección heterogénea, podría leerse el conjunto como el relato en verso de la evolución del poeta, es decir, la transformación de su cuerpo y su biografía en un autorretrato insólito que desborda los límites del discurso nacional, del concepto de patria urdido a lo largo de un siglo de luchas, compromisos y derrotas. Igual que *Les feuilles d'automne* de Hugo, uno de los modelos de *Hojas al viento*, la intención del libro es presentar «salteadamente, icónicamente, facetas de una imagen, es decir, revelar una *persona*» (Molloy 1983: 187)[1]. La retórica convencional de *Hojas* y la palidez

---

[1] Sobre el autorretrato en Darío, véase Salgado 1989.

de sus tópicos se alteran en el contexto de un discurso nacional donde las extravagancias prometedoras de Casal forman cantón aparte. En «Autobiografía», el poema que abre *Hojas al viento,* se pasa del dato autobiográfico a la posibilidad de una imagen propia erguida sobre la ruina de la palabra que la enuncia.

En su estudio sobre la autobiografía en los textos hispanoamericanos, Sylvia Molloy sugiere que «el yo hispanoamericano», el de Sarmiento, buen «hijo» de su patria, o el de Victoria Ocampo, representativo de «la mujer argentina» en determinado momento, ha demostrado la necesidad casi ontológica de un reconocimiento nacional. Es decir, la capacidad de representar una colectividad y la identidad propia están estrechamente imbricadas en los textos autobiográficos hispanoamericanos (Molloy 1991: 1-11). Podría decirse con razón que el *yo* de la «Autobiografía» rimada que abre la obra de Casal no es autobiográfico sino lírico, pero también sería injusto clausurar una voluntad de autorrepresentación tan explícitamente señalada. El lirismo de toda primera persona poética no solo equivale a su sinceridad subjetiva, respaldada por la realidad del cuerpo que la enuncia, sino también a la unidad y la integridad de su voz; sin embargo, si se tiene en cuenta que con Casal, y a partir del modernismo, el lirismo no es solo la sinceridad subjetiva sino también el subterfugio de un sujeto, entonces toda autorrepresentación tanto en la poesía como en la prosa se enriquece de lo ambiguo y lo lacunario, «cripta negra en que duerme el deseo» (1978: 186) y del secreto «que te deje el alma helada» (1978: 209) en los versos de Casal. A diferencia del *yo* autobiográfico hispanoamericano, que quiere representar, en toda la latitud de la palabra, para representarse, el *yo* de Casal, el de «Autobiografía» y el que se enfrenta especularmente al «amante de las torturas» del cuento, no puede reflejarse en un consenso nacional. Al contrario, la autorrepresentación de Casal traza y retraza una marginación, más bien una parcelación, constante. El célebre aislamiento de Casal se figura en esos márgenes, donde, junto a la amargura y el tedio en el conocido paradigma temático, se custodia un secreto complejamente relacionado a la identidad sexual. Casal quiso representar ese margen; es más, toda su obra es la reprentación de un marco ricamente trabajado en cuyo centro se borronea una imagen enigmática y provocativa.

En «Autobiografía», el poema que sigue a la «Introducción» rimada de *Hojas*, la vida del poeta se representa como el viaje del peregrino solitario, que atraviesa un territorio hostil y se refugia en el Arte, cuyos «misterios» se asocian al misticismo cristiano. La Muerte, el «pérfido bandido» que le roba a los «amantes compañeros», lo espera a cada vuelta de la ruta, abundante en los detalles característicos de la alegoría medieval reivindicada por los románticos: «la huella ensangrentada», «los desiertos campos», «la luz funeral de los relámpagos». La «Juventud», personificada en una mujer que agoniza, se enfrenta especularmente al poeta que se mira en «el fulgor opaco» de sus pupilas « –igual al de un espejo desbruñido–»; el poeta se asfixia «cual si en mi pecho la rodilla hincara / joven Titán de miembros acerados». La «autobiografía» del poeta se transforma en un «cuadro» digno de Moreau, a quien Casal todavía no había descubierto, un cuadro donde el poeta agoniza junto a su emanación femenina bajo el peso de un joven Titán, precursor de los titanes de *Nieve* e igual que ellos asociado a la vitalidad y la potencia sexual[2].

La monotonía rítmica de la «Autobiografía», su decorado de anticuario evocado con una nostalgia de dejo romántico y sus personificaciones convencionales no parecen prometer una maestría futura. En cambio, lo que sí es sugerente es la alternancia entre el detalle autobiográfico y el impacto visionario de los últimos versos, de «Nací en Cuba» a «Indiferente a todo lo visible [...] persiguiendo fantásticas visiones» (1978: 7-9). La declaración explícita de un origen nacional que encabeza el peregrinaje libresco del poeta altera, perturbadoramente según los críticos cubanos de la época, los ángulos de la con-

---

[2] Luis A. Jiménez ha escrito sobre «La poética de la "Autobiografía" de Julián del Casal» (1991).

sabida oposición entre «el hombre y su obra», entre «Autobiografía» y «Paisaje espiritual». Enrique José Varona, la voz crítica más respetada y más autoritaria de la Habana finisecular, fue el primero en señalar los rasgos incipientes del viraje inquietante de *Hojas al viento*.

La reseña de Varona se publicó en *La Habana Elegante* unas semanas después de aparecer *Hojas* y en gran medida señala la entrada oficial de Casal en las letras cubanas[3]. Sin dejar de mencionar su admiración por el joven poeta, Varona mide el valor de su obra en un vocabulario crítico de origen francés habilidosamente aclimatado. No solo sintetiza aspectos claves de la recepción inicial de la obra de Casal sino que funda un modelo dialéctico de lectura que no ha dejado de acompañarla. Por una parte, admira la sensibilidad poética de Casal, su maestría en el verso y su ingeniosa adaptación de los nuevos modelos; por la otra, muestra cierto recelo frente al decadentismo importado, ajeno al concepto de cubanidad que se forjaba en el período posterior al fracaso del Zanjón en 1878[4]. En otras palabras, los indicios incipientes de la postura vital e intelectual de Casal desbordan la ideología positivista y nacionalista de Varona.

Después del Zanjón, los intereses de los hacendados criollos, de cuyos rangos se nutrió inicialmente el liderato independentista, fueron representados por el reformismo liberal del Partido Autonomista, fundado en 1878 en un intento a la larga infructuoso de estabilizar el país a través de una política conciliadora con la metrópolis. El proyecto autonomista además incluía un intento de afirmación y redefinición de lo nacional en el plano cultural. Varona apoyó el

---

[3] «*Hojas al viento*: Primeras poesías. Por Julián del Casal». En *La Habana Elegante* (junio 1, 1890). Figura en *Prosas* 1: 26-29 y en *The Poetry of Julián del Casal* 2: 421-423, que también incluye las reseñas de Nicolás Heredia y Zeno Gandía.

[4] El Pacto del Zanjón, que concluye la Guerra de los Diez Años (1868-1878), altera radicalmente el panorama político de la colonia rebelde. Véase Pérez, Jr. 1983: 4-83.

autonomismo hasta que se retiró del partido en 1885; sin embargo, continuó su esfuerzo para orientar la cultura cubana hacia una redefinición viable dentro de un panorama político que cambiaba vertiginosamente. En sus comentarios sobre la obra de Casal, la juzga y finalmente la sitúa en una lejanía subjetiva. La reseña de Varona sobre *Hojas al viento* es la evaluación justa de una obra prometedora; también es un aviso paternal y una definición de una literatura nacional en la cual el «pesimismo» y las «visiones», «no perteneciendo a nuestra historia», hacen del poeta un desterrado en su propia tierra. Dice Varona «Julián del Casal tendría delante una brillante carrera de poeta; si no viviese en Cuba» (1978, G2: 423).

La dialéctica rigurosa de Varona se apoya en las teorías de Taine sobre el escritor y su medio ambiente para señalar el conflicto insalvable entre la obra de Casal y el ambiente insular[5]. Varona distingue dos «temperamentos psicológicos». Los primeros reciben «influencias reales»; los segundos reciben «las ideales», es decir que confunden los «signos» con los objetos que estos representan: «estos signos se sustituyen para él de tal modo a los objetos, que los considera y los trata como tales». En las épocas de «gran cultura», sigue el argumento de Varona, existe un ambiente propicio para el desarrollo de este temperamento artificioso o imaginativo, el que confunde los signos con los objetos, y por lo tanto puede llegar a producir obras para un público reducido que no son inferiores a las del talento que recibe «influencias reales». Según Varona, Cuba no vive una época de gran cultura y si para Casal los signos han sustituido a la realidad, semejante simulacro no se ajusta ni a la realidad cubana ni a un proyecto de independencia cultural que se imponía a pesar de las repetidas derrotas en el campo de batalla.

---

[5] El célebre método de Taine adoptado por Varona y algunos de sus discípulos es criticado por Huysmans e indirectamente por Casal a través de su prosa y su práctica poética. Sin embargo, hay un Taine «colorista» que parece más bien el precursor de Huysmans y de Casal. Véase Lombardo 1987.

En una sociedad imperfecta, como la Cuba colonial, un joven «aislado y como perdido», escribe Varona, puede refugiarse en el mundo ideal de sus lecturas y llegar a producir «obras muy endebles». Después de varios párrafos explicatorios sobre la obra de arte, el circunloquio de Varona llega a su apreciación de *Hojas*: Casal ha triunfado, a pesar de las circunstancias de su medio. Sus obras son «vigorosas, con vida que nada tiene de ficticia», pero añade que son «flores de invernadero, que muestran a veces la frescura de los prados». La metáfora florida de Varona alude a sus propias propuestas estético-semióticas: la obra de Casal triunfa a pesar de que se compone de signos verbales que «a veces» dan la impresión de la realidad de los objetos que representan.

El argumento de Varona sugiere que la falla en el «temperamento» de Casal es también la falla de «nuestra sociedad», es decir la falla de una sociedad colonial «condenada [...] a la imitación». Decepcionado con el Partido Liberal Autonomista, que representó en las cortes metropolitanas, Varona aboga por la independencia cultural de «nuestro país». Se ha necesitado «un talento poderoso» como el de Casal para fabricar sus «flores de invernadero», pero su lugar es único, lo que equivale a marginado en la lectura de Varona. El crítico admite que la obra de Casal es digna de admiración, pero añade que no puede, no debe servir de modelo a la juventud letrada. A pesar de que Varona finalmente alaba el talento de Casal, su preocupación, casi paternal por no decir paternalista, es evidente. Concluye su reseña afirmando que las «plantas del todo exóticas» de «la literatura decadente y otras preciosidades y melindres sociales» que pululan en París pueden tener su eco en las personas «cultas», «elegantes» y hasta «refinadas» de la isla, pero «el tono general de nuestra sociedad» rechaza esos valores, o lo que es peor, los transforma en manos de los escritores jóvenes en algo falso que «degenera por una pendiente insensible en caricatura escrita». «Degenerar» es «decaer» y también en la pintura «desfigurarse una cosa hasta el punto de parecer otra»; «insensible» aquí quiere decir que «carece de sentido». La «caricatura escrita» de Casal es una representación degradada, que cae en el sinsentido. Aunque con mayor sutileza que Nordau, Varona transforma un juicio de carácter estético en diagnóstico psico-fisiológico. El talento de Casal lo ha salvado de la caída, pero que quede avisado: está al mismo borde de la pendiente del sinsentido, la anormalidad, la degeneración, y la desfiguración.

En circunstancias semejantes, el triunfo de Casal ha sido pírrico y Varona no deja de explicar el resultado de su trayectoria imitativa y artificiosa. La energía que ha necesitado para producir sus flores extrañas en un ambiente hostil puede «marchitar». Varona sugiere que el pesimismo casaliano es sincero y que su imaginación, nutrida de un pasado ideal y remoto, ha producido y puede producir «obras bellas». Sin embargo, añade: «Pero aquí empieza lo insólito del caso del señor Casal, y lo que nos autoriza a llamar artificial el medio puramente subjetivo en que se alimenta su inspiración». Varona acaba por revelar una última carta para completar su ingeniosa lectura: la obra de Casal no encaja en el medio hostil donde ha visto la luz y no hay talento, por poderoso que sea, que realmente pueda seguir produciendo en un «medio puramente subjetivo», alimentado por los signos de culturas remotas, ajeno a lo circundante. Por fin, concluye con un catálogo caricaturesco de «visiones», en sentido peyorativo, tomadas de la poesía de Casal: «trovadores vagabundos y castellanas melancólicas, jaurías y monteros; góndolas azules y pajes efebos; conventos en ruinas y monjes sombríos; y llega hasta a [sic] contemplar pastorcillas rubias bajo el sol tropical o a la sombra de los plátanos rumorosos» (1978, 2: 423).

No fue solo la pastorcilla anacrónica y platanera quien inquietara a Varona. El punto de apoyo de su argumento no es temático sino semiótico y político; es decir, su argumento versa sobre las consecuencias culturales y políticas de determinado uso del lenguaje, que en el primer libro de Casal se aparta de una relación transparente y saludable entre el signo y el objeto que señala. Semejante desvío puede a su vez desviar a los jóvenes poetas, que implícitamente dejan de ser buenos cubanos para imitar el exotismo importado. En la poesía de Casal, en su despliegue figurado, el lenguaje parece cobrar una existencia opaca: su signo es el punto muerto del significado y esa opacidad sugiere la imagen de un sujeto extravagante y errático, cuyo andar trópico lo lleva hacia una zona difícilmente incorporable al «patriótico monumento» de la cultura cubana finisecular, para citar la frase de «Justo de Lara» en la introducción a *La Habana Artística,* donde se afirma que «no sólo el grosero mercantilismo ha inspirado a sus habitantes sino también el amor a lo bello» (1891: ix). Los argumentos expuestos en *La Habana Artística* demuestran el papel complejo que desempeñaba lo estético, que se opone al comercio y al «espíritu mercantil», pero que en efecto estaba destinado a formar un sector privilegiado dentro de la nueva economía colonial, donde no solo se opondría el arte al comercio, como en los grandes centros europeos, sino que ese sector dedicado a «lo bello» también sería el refugio de valores nacionales. La obra de Casal tenía que situarse en un sector inédito de las letras nacionales porque contradice la definición de «lo bello» no solo en la versión popularecha de *La Habana Artística* sino en la definición canónica del primer modernismo. Como diría el mismo Varona, ya sin ambages, en su reseña de *Nieve* (1978, 2: 439), la obra de Casal ni siquiera es «fea»; es «nauseabunda», dice refiriéndose a «Horridum somnium», la descripción del cadáver del poeta en el poema final del libro.

A primera vista, Varona parece inquietarse por ciertas incongruencias en la poesía de Casal, que atribuye en parte «al influjo decisivo de las reminiscencias de lo leído». Más perturbadora, sin embargo, es la subjetividad peculiar de Casal, no solo su imitación declarada de modelos extranjeros, sino su postura dentro del lenguaje, la heterodoxia de su desvío de la retórica de lo estético. Parece como si Varona quisiera reorientar ese desvío inicial del joven poeta, los tanteos que ya en *Hojas* anuncian la voz lacerante del último Casal y preludian el comienzo de una energía transformadora, «alcanzando una transmutación», diría Lezama, que corroe los nítidos contrarios del pensamiento positivista de Varona.

Si Casal hubiera poblado sus imitaciones exclusivamente de princesas chinescas y pastorcillas nórdicas quizá no habría merecido el medido elogio de Varona. Lo «insólito» de su caso es que las princesas pasan por el paisaje insular y que a través del volumen resuena el primer verso de «Autobiografía»: «Nací en Cuba». En *Hojas al viento* perturba la versión subjetiva de un lenguaje nacional que reclama oblicuamente el valor de una palabra insólita. Las imitaciones y versiones de modelos europeos en el primer libro de Casal no dejan de incluir un reto sutil, a la vez tenue y agudo, un reto a la tradición nacional capitaneada por Varona, cuya admiración por Casal no excluye la obligación de señalar el peligro de «símbolos de edades muertas» que «nada han podido dejar en nuestras costumbres, en nuestras tradiciones, no perteneciendo a nuestra historia». La «paráfrasis», la «versión», la «imitación», estrategias del poeta en *Hojas al viento*, constituyen maniobras hábiles que sientan las bases de un porvenir poético, no menos nacional porque es complejo y subjetivo. Según Emilio de Armas, «Otros menos sabios», siguiendo la pauta de Varona, «vieron sólo el ansia de evasión que recorría *Hojas al viento*, sin comprender cuán compleja reacción ante la problemática nacional encerraba aquel libro primero» (1981: 124).

El tema del exotismo, la rareza perturbadora e implícitamente el erotismo anómalo de Casal, brillantemente sintetizado por Varona, se convirtió en un lugar común repetido por una crítica ajena a la simpatía inicial de Varona y presta a encasillar la obra de Casal en lo morboso y lo decadente. Varona sugiere que si «nuestras costumbres», «nuestras tradiciones», «nuestra historia» constituyen un medio hostil para el poeta, peor para el poeta; no considera la posibilidad de otra adecuación entre el poeta y esos «nuestros» que delimita tan enfáticamente; no considera que esos «símbolos de edades muertas» en manos de Casal se transformarían en lo propio, en un idioma de rasgos distintivos, cualquiera que fueran sus temas.

Se advierte el impacto del modelo crítico de Varona en un artículo de Nicolás Heredia sobre *Hojas al viento* que sigue *grosso modo* la lección del maestro. Heredia, intelectual independentista y luego catedrático universitario durante la ocupación norteamericana, se refiere a «esa enfermedad que hace estragos por el mundo con el nombre de decadentismo o modernismo decadente» (1978, G2: 416). Según Heredia, en la obra de Casal, seguidor de los parnasianos, la perfección «viene a sustituir la falta de savia ideológica y la ausencia de un propósito fecundo». Las metáforas del crítico Heredia añaden a «la flor de invernadero» de Varona la falta de «savia», es decir la ausencia de un contenido ideológico, equiparado a la esterilidad sexual. Las metáforas floridas de Nicolás Heredia se desplazan hacia lo corporal, puesto que los versos de Casal son «plantas» infecundas y enfermizas, nueva ampliación del ubicuo par normal-anormal, que también abarca el cuerpo y sus preferencias, la sociedad y la producción literaria.

Las metáforas antropomórficas de Heredia asocian el «decadentismo malsano» al formalismo, a la morbosidad espiritual y a la imitación de modelos importados marcados por la impotencia y la frustración. El nacionalismo cultural de Heredia es esencialmente criollo y el decadentismo enfermizo con el que marca la obra de Casal ni es cubano ni servirá para sentar las bases de una cubanidad por venir: «En este sentido, los parnasianos son los chinos de la literatura, porque como los chinos ejercitan su decrepitud artística en labores tan minuciosas como inútiles» (1978, G2: 416). Modernismo es parnasianismo, es decadentismo, orientalismo, y erotismo «malsano». Se trata de lugares prohibidos al sujeto nacional saludable, que no obstante constituyen los recintos de un sujeto soterrado y clandestino, enfermo, decadente, exótico y erótico (Said 1978: 3). Según Nicolás Heredia, la búsqueda del nirvana es señal de la debilidad de las «altas clases del viejo mundo» y «Cuba no es Europa». Si la publicación de *Hojas al viento* ratificó la reputación de Casal en los círculos culturales de La Habana, la reseña de Heredia, publicada en 1892, y otros comentarios que llegaron hasta la parodia más ramplona de la obra de Casal y la caricatura de su persona, reiteran «lo insólito» de su posición en un discurso nacional que se institucionalizaba frente a la frustración de la empresa independentista. Las metáforas patológicas que utiliza Heredia para caracterizar el «modernismo decadente» de Casal hicieron escuela porque encontraron su referente en el cuerpo enfermo del poeta. Los detalles de la enfermedad de Casal, conocidos por sus contemporáneos y ampliamente difundidos posteriormente, dan mayor peso a la prestigiosa metáfora de la decadencia aplicada a su obra con autoridad diagnóstica. Enfermedad, decadencia, orientalismo, erotismo, se agrupan, en fin de cuentas «degeneran» en una otredad anómala, paradójica y perturbadoramente definidora de la «naturaleza» nacional, de su «imaginario compartido» y por lo tanto digna de las represiones más diversas (Stallybrass & White 1986: 6-7).

Para la crítica coetánea, el valor del Casal de *Hojas al viento* fue consagrarse a «mantener latente la tradición poética cubana», pero lo insólito es que Casal mantiene esa tradición «a su modo y por su cuenta», escribe Nicolás Heredia (1978, G2: 416). En *Hojas* comienza a definirse un nuevo «trópico» que está lejos del «insustancial tropicalismo» de los poetas de *Arpas amigas* (1879), «nuestro segundo romanticismo» según Cintio Vitier (1970: 292). El trópico de Casal es la «pervivencia» lezamiana del paisaje y la búsqueda de un nuevo tropo, la transformación de los plátanos de la pastorcilla en alucinantes «verdes banderas de crujiente raso», la creación de un paisaje nuevo refractado en el ojo visionario del poeta.

2. «Déjame creer en tu impostura»

La trayectoria del poeta en «Autobiografía», su infancia infeliz, su refugio transitorio en el Arte, hasta llegar a una indiferencia glacial, se repite a través de *Hojas al viento*, la elegía a una serie de amadas y también la elegía al poeta amante y a un enmascaramiento retórico del cual se despide en este primer volumen. La retórica convencional de *Hojas* se manifiesta, por ejemplo, en «A Berta», una versión nada innovadora del tópico romántico: la unión morbosa del poeta y la ubicua mujer fatal. El personaje femenino de «A Berta» encarna la naturaleza contemplada por el poeta: «tienes los esplendores del ocaso / y el encanto terrible de los mares» (1978: 64). Sin embargo, la contemplación se transforma en un diálogo entre el poeta y la mujer fatal para definir una relación simbólica que oscila casi espasmódicamente entre el movimiento y la fijeza: «Cuando quiero subir, dices: aguarda; / mas si quiero bajar, me precipitas».

En «A Berta» el cuadro convencional de los amantes condenados se opaca en el vaivén casi *staccato* entre la primera persona declarativa y la segunda apostrofada, un ser que manipula los lazos de una relación letal, marcada por el artificio y la falsedad: «fíngeme que has llegado a idolatrarme / y déjame creer en tu impostura». El tópico convencional del poeta y la mujer fatal se altera en una retórica que no deja de sugerir su propia impostura, una retórica heredada, citada, reescrita por un sujeto inestable, que no es ni «Berta» ni el *yo* que la apostrofa. Cuando el poeta pide a Berta que lo ayude a «salvar mi obscuro nombre», como «héroe adorado» o «criminal temido», su deseo pertenece a un binarismo que corresponde al nivel dramático del poema. En otro nivel, en las grietas del apóstrofe («Ayúdame»), comienza a insinuarse otro nombre: «Él es ya como el personaje de una historia perdida; no sólo poeta, *yo*, sino leyenda, poesía; y eso está misteriosamente en su nombre», escribe Vitier (1970: 304).

Casal no conservaba borradores y cuando preparaba sus libros para la imprenta no solía hacer grandes cambios en los poemas que habían aparecido en la prensa habanera; generalmente se limitaba a corregir errores, suprimir algún subtítulo, o alterar una dedicatoria. Por lo tanto llaman la atención las revisiones del poema «A Berta», originalmente publicado con el título «A Coralia» en *El Fígaro,* en octubre de 1888, y el año siguiente con el título de «AbismoS» [sic] en *La Habana Elegante*[6]. Entre los poemas de *Hojas*, «A Berta» es uno de los que sufre las alteraciones más radicales en sus diferentes

---

[6] Para mas detalles sobre las variantes, véase Casal 1978, 2: 92-96.

versiones. La versión publicada en *El Fígaro* contiene una estrofa suprimida posteriormente donde la ambivalencia se presenta temáticamente a través de la ambigüedad sexual. Glickman considera que Casal hizo bien en suprimir la estrofa, primero porque no era «esencial» y segundo porque «the *hijas de Sodoma* image was not in very good taste» –la imagen de «las hijas de Sodoma» carecía de buen gusto– (1978, G2: 94). Dice la estrofa suprimida:

> Si en tus robustos brazos me encadenas
> Y a tu semblante la pasión asoma,
> Parece que circula por tus venas
> La sangre de las hijas de Sodoma. (1978, 2: 93)

La mujer fatal de «robustos brazos» es una versión del «joven Titán de miembros acerados» de «Autobiografía», que a su vez anuncia los titanes clásicos de *Mi museo ideal*. La mención de Sodoma, el lugar de la ambigüedad sexual por antonomasia, añade al tema de la pasión malsana de Berta, el de la inversión sexual.

La supresión de «las hijas de Sodoma» es significativa. Parece como si quisiera borrarse una alusión demasiado explícita al lugar clásico de dicha inversión. La versión publicada en *Hojas* suprime el tema de la ambigüedad sexual y conserva el tema correlativo de la ambigüedad de la identidad de las imágenes poéticas en un poema donde los nombres y los pronombres «fingen» hasta confundirse en una versión insular de la «representación borrosa y liminal» que tanto molestaría a Max Nordau en la poesía europea del fin de siglo. Inicialmente «Berta» refleja una naturaleza convencionalmente «terrible»; luego es «impostura», un desvío de carácter tanto retórico como erótico que no deja de marcar al poeta. Simultáneamente, «Berta» es la mujer fatal tópica y la imagen andrógina y perversa de la producción poética.

En *Hojas al viento* se perfila una persona poética que se reconoce en las imágenes que pueblan su enunciado, que se refleja en ellas como en el «espejo desbruñido» de «Autobiografía». Esa superficie opaca comienza sin embargo a revelar un rostro cuyos rasgos desbordan el anecdotario sobre un Casal herido y torturado por el rechazo de una mujer o mujeres, como dijeron algunos de sus amigos, fundadores de un lugar común tan duradero. Un lectura menos determinista, basada en los elementos dramáticos de *Hojas al viento*, revela una versión de la conocida anagnórisis de la poesía moderna: el poeta reconoce que el movimiento de la letra está marcado por la impostura y que el sentimiento más sincero no puede desprenderse de una retórica heredada, citada, reescrita, apenas propia. Para la crítica de la época era perturbador que semejante reconocimiento deformara la imagen del poeta y enturbiara la transparencia de sus signos. Que el poeta insistiera en representar la impostura, aunque fuera para entonar su elegía, era inaceptable.

En *El Fígaro*, 29 de junio de 1890, Manuel Zeno Gandía se percata del carácter ambiguo de *Hojas al viento* y describe al poeta como «un romántico dedicado a desnudar ideales [...] un condenado al suplicio de Tántalo complicado en modelar Venus tentadoras para luego arrojar a la cloaca los despojos esqueléticos de sus creaciones» (1978, G2: 424). Zeno Gandía reconoce que la alternancia romántica entre creación y ruina es uno de los tropos estructurantes de *Hojas al viento*. Al igual que Varona, el escritor puertorriqueño se refiere al «temperamento» de Casal, pero no lo sitúa en un conflicto con su medio. Su caracterización del cubano lo retrata cabalmente:

> su libro lo denuncia en todas sus páginas como a la hoguera encerrada el humo que escapa por las grietas del muro. Allí está, con su modo ilógico, inconsecuente consigo mismo, distinto hoy de ayer, y mañana de hoy, y siempre el mismo. (1978, G2: 424)

A pesar de que Zeno Gandía repite el lugar común sobre la «esterilidad» de Casal, la metáfora no depende del cuerpo enfermo del poeta sino que se refiere intertextualmente a dos modelos de Casal, Bécquer y Heine. Es igualmente significativo que a diferencia de

Nicolás Heredia, el crítico puertorriqueño no encuentra en el primer volumen de Casal la precisión escultórica del parnasianismo, sino más bien la vaguedad del simbolismo, la influencia más fecunda del modernismo de Casal. Escribe Zeno Gandía, «Todo eso hay […] menos tendencias a martillar en mármoles y bronces. Todo allí escrito en la arena» (G2: 425). El crítico reconoce en *Hojas al viento* los rasgos de una persona poética que desborda los límites del *yo* de la lírica romántica, que no se sitúa definitivamente, sino que se mueve hacia la descomposición del cuerpo, el último en la serie de encierros y estuches, los lugares subterráneos de un sujeto que entona su propia elegía. Desde la distancia de la colonia vecina, Zeno Gandía, que aprecia «el modo ilógico» de Casal, no menciona la etiqueta de decadente malogrado y quizá peligroso que hizo escuela entre los críticos cubanos, quienes sin las sutilezas de un Varona, atacaron la obra de Casal y provocaron a su vez respuestas defensivas y apologéticas. El Casal que surge de la lectura del puertorriqueño se inicia enérgicamente en un peregrinaje poético y se sitúa en la tradición lírica nacional, que se abre hacia un futuro inusitado; es «enérgico en sus pensamientos», sacude «la tutela del gusto viejo» y «vuela»:

> sin rumbo fijo, con alas vigorosas desplegadas por el vacío de la nostalgia, con plegarias entrecortadas por maldiciones, denunciando que hay en su genial poético algo indeciso e increado, algo que lucha por tomar forma definitiva, algo que palpita en crisálida, algo naciente, algo, finalmente, que promete doradas esperanzas al espléndido cielo de la lírica cubana. (1978, G2: 424)

Hojas al viento es la elegía al cuerpo, «mi cuerpo, bajo formas vagas», dice en «Fatuidad póstuma» (1978: 63), transformado en «las llamas» de una pira, con «las vírgenes más bellas de mi patria», una etapa por la que pasa el poeta antes de renacer en las visiones de *Nieve*: donde «ve de su redención luces extrañas» (1978: 116). Frente a los lugares comunes de una retórica post-romántica de contrastes binarios, el cuerpo transformado traza una grieta, en la frase de Zeno

Gandía, en el monumento nacional que se armaba diligentemente entre el final penoso de la Guerra de los Diez Años y el comienzo de la revolución frustrada del 1895. La obra de Casal se desenvuelve a contrapelo de un concepto exaltado de patria que, al excluir su obra, la justifica. El temario de la decadencia adaptado, o mejor dicho incorporado por Casal, no le impide asumir la tradición nacional para alterarla radicalmente. El exotismo y el erotismo de Casal son perturbardores porque buscan insistentemente el diálogo con la tradición nacional, que sin embargo lo margina para mejor marcar los contrarios que sustentaban su propia hegemonía. La obra de Casal tuvo que seguir otras rutas, «en la inmensidad sudamericana» en la frase de Márquez Sterling, o al menos en las lecturas de dos vecinos caribeños, Puerto Rico y México.

3. La «patria lejana»

Casal estuvo al tanto del ambiente literario de la capital mexicana a través de un fructífero intercambio de publicaciones y correspondencia. En una reseña de 1890 sobre el poeta mexicano Luis Urbina, Casal reconstruye su relación literaria con el país vecino, iniciada «hace tres o cuatro años», cuando un amigo llevó dos baúles llenos de libros y objetos de la capital mexicana a La Habana. En una «Carta abierta» de junio de 1890, Casal elogia los «versos muy fáciles, muy elegantes y muy tristes de un joven poeta, llamado Luis Urbina» (1: 166-167). Ya Casal había enviado una copia de *Hojas al viento* a Urbina, quien en el verano de 1892 publicó un estudio sobre Casal que un año después se incluiría en la edición mexicana de *Nieve*[7].

La reseña de Urbina comienza con una respuesta a la carta que Casal le había enviado con la copia de *Hojas al viento*, donde este

---

[7] Véase Casal 1978, 2: 148-155 sobre Casal, México, Urbina y la edición mexicana de *Nieve*. Véase también Phillips 1974.

escribió efusivamente: «me parece que somos hermanos desconocidos pero que, desde lejos, nos podemos amar» (1978, G2: 150). Casal funda su cariño por Urbina en una igualdad de gustos y nostalgias, incluso de edad, detalles recogidos de la lectura que ha hecho de sus poemas ya que «no nos hemos encontrado nunca, ni nos encontraremos tal vez». Urbina responde a Casal con el mismo cariño de cofrade desconocido, pero significativamente no en una carta sino en la reseña que se publicó en dos partes en *El Siglo XIX* en el verano de 1892 (G2: 151). Urbina hace público el cariño entre desconocidos que anima la correspondencia de Casal, para quien el intercambio epistolar sienta las bases de una cofradía de espíritus afines. En su reseña Urbina recuerda que recibió con el envío de Casal, la carta y el libro, «un hálito de simpatía, una ráfaga de cariño» que se confunde con la «bienhechora y refrescante lluvia» de *Hojas al viento* (1893: ii). El poeta mexicano describe su encuentro con *Hojas* a partir del momento en que recibe el volumen por correo, «aquel regalo» que se transforma en seguida en un «estuche» que abre con «una curiosidad entusiástica: curiosidad violenta de muchacha frente a un joyero».

En sus manos los poemas de Casal se transforman en un muestrario modernista donde se alternan la pedrería y los metales preciosos con la melancolía y la exaltación. En su estilo jadeante Urbina reconstruye el ambiente donde leyó los poemas de Casal: «en corrillo de jóvenes literatos, en cualquier cuarto estudiantil de bohemio, envuelto en humo de tabaco, sentado a horcajadas en la silla y alguna vez saboreando tazas de café a grandes sorbos» (1893: ii). En este ambiente literalmente estimulante, el poema de *Hojas al viento* que «excita más mi temperamento», escribe Urbina, es «La Canción de la Morfina», cuyo tema central es el poder transformador de la poesía, *Ars poetica* y homenaje al maestro Baudelaire a través de la personificación de la droga: «soy la dicha artificial / que es la dicha verdadera» (1978: 82). La versión bastante mecánica de la sinestesia baudelaireana en el poema de Casal, («sonidos en el color, / colores en el sonido») es menos sugerente que el contraste que hace Urbina entre la posibilidad de una comunicación sinestésica y la respuesta epistolar que pudo haber escrito a Casal para agradecer el envío de los poemas. Urbina se excusa por no haber contestado, culpando a «mi olímpica pereza», pero también transforma la pereza en una consejera sabia que le dice que no debe interrumpir el placer de la lectura con «una parrafada escrita al vuelo, incolora y fútil, trofada [sic] de lugares comunes y de frases de *cliché*» (1893: iii). Opone «las campanudas palabras» que no escribió a las sensaciones que le produce la lectura de *Hojas al viento*, sensaciones sinestésicas de carácter orientalista, estéticas y eróticas, centradas en el cuerpo estimulado por el café, el tabaco y la lectura. Las sensaciones del cuerpo conducen al «plácido ensimismamiento, la inmóvil reconcentración».

El encomio de Urbina distingue entre la institución de la literatura y la sensación estética, es decir subjetiva, corporal y erótica, que produce la lectura. De un lado, la literatura como compendio de tropos y temas recogidos en un volumen, «el horror de la literatura» en la célebre frase de Darío, que puede provocar una respuesta mecánica y codificada, por ejemplo la carta de «campanudas palabras» que no escribió; del otro, el placer del texto, las sensaciones eróticas que produce la lectura en un lugar determinado, de por sí estimulante, el corrillo de jóvenes literatos, el cuarto de bohemio, el café.

Una meditación sobre el carácter americano de Casal y de los otros poetas nuevos cierra el texto de Urbina. Casal, Gutiérrez Nájera y Darío solo parecen habitar «con nosotros», «en esta atmósfera limpia y pura de la América»; pero Urbina los imagina «flaneando por las ricas y amplias avenidas de la ciudad nueva» (1893: x). La «ciudad nueva» es París, pero por supuesto el París al cual se refiere Urbina es uno entre otros referentes de una ciudad literaria que no pertenece a nación alguna. Según Octavio Paz, «París era, más que la capital de una nación, el centro de una estética» (1989: 132-133). Las negaciones de Urbina («No, no viven aquí; no admiran nuestro cielo») son retóricas, no ideológicas; no implican un rechazo de la tierra americana y una fuga a la ciudad extranjera. Al contrario, los tortuosos contrastes de Urbina buscan la redefinición de un «aquí» americano donde los «árboles transplantados» que no han podido «desprenderse de esta jugosa tierra» envían su perfume a «los ausentes camaradas». El lugar no importa; ambos cantan «el mismo naufragio de ideales en que se hunde la conciencia humana» (1893: x).

Para Urbina no hay nada malsano en las lecturas francesas de Casal; son textos con los que ha «conversado largamente» durante una de «sus excursiones al país de los neuróticos» de donde vuelve con «la imaginación fresca, el pensamiento robusto y la frase sencilla» (1893: xii). A diferencia de la «degeneración» y la «caricatura malsana», que son productos de la imitación, el periplo literario que define Urbina sana y robustece. Según Urbina, si Casal está pálido es porque viene de esa «obscura y profunda mina» donde Baudelaire «arrancó a las rocas negras sus fantásticas y sangrientas flores». De vuelta de su viaje imaginario, igual que uno de sus héroes peripatéticos, el poeta se repone en «el aire de América»; sus versos «abren las alas, se empapan en la frescura del ambiente, vuelan en nuestras risueñas campiñas, y curan sus decadentes tristezas bajo la serenidad de nuestro cielo» (1893: xii). En los comentarios de Urbina, el tópico de la enfermedad/decadencia se aparta de sus connotaciones negativas y sugiere más bien que el viaje, las lecturas, incluso la «neurosis» marcan etapas necesarias para el escritor americano, que luego retoña en su propio suelo.

Si Casal aprovechó las innovaciones de «la moderna escuela francesa», no fue para fugarse de una tradición propia sino para enriquecerla. Concluye Urbina, «para mí, el poeta cubano no viene de allá; viene tan solo de la Poesía como de una patria lejana» (1893: xii). Para Urbina el centro de la nueva estética no es solo París: es el cuerpo, estimulado por el café, el tabaco, la compañía de otros cuerpos y la lectura del texto ajeno. Cualquiera que haya sido la orientación sexual del poeta mexicano, en la reconstrucción que hace de su lectura de Casal pululan ciertos detalles posteriormente asociados con la supuesta hipersensibilidad artística de la homosexualidad: el encierro estimulante, el erotismo mediado por el artefacto estético, el periplo peligroso y revitalizador, el malestar neurótico, la recuperación en la tierra nativa, la curiosidad voraz de la «muchacha frente a su joyero»[8].

En la novela hispanoamericana del siglo XIX, la distinción entre el nacionalismo épico y la sensibilidad íntima, e implícitamente femenina, se borra para producir el nuevo héroe nacional, sentimental pero finalmente viril y sin duda heterosexual. Según Doris Sommer (1991), Santos Luzardo debe controlar el erotismo andrógino y transgresor de Doña Bárbara. El triunfo del héroe de Gallegos se debe en parte a que la educación, los buenos modales y la sensibilidad artística lo hacen más sensible y hasta cierto punto más femenino, pero por supuesto sigue siendo «nuestro hombre». La relación de Luzardo con la mujer, tanto la mujer hombruna como «la niña» que se empeña en educar, debe mantenerse asimétrica para garantizar su poder. En cambio, en la relación entre dos hombres, la relación homoerótica entre Luis Urbina y Casal, la simetría es correlativa a la definición de un lugar al margen del nacionalismo. De más está decir que la marginación tiene sus ventajas estéticas. El modernismo aprovechó y multiplicó esas ventajas, pero no pudo o no quiso integrar la representación de una relación simétrica ni entre hombres y mujeres, ni por supuesto entre personas del mismo sexo. La posibilidad de semejante relación se borra antes de ser enunciada, sin duda porque la construcción del nacionalismo, sostenida por «el nudo seguro de hombres sentimentales» y femeninamente sensibles, en la frase de Sommer, coincidió con la construcción de una sexualidad que consignaría las relaciones eróticas o incluso la simetría afectiva entre personas del mismo sexo a un margen parco en representaciones simbólicas positivas y en cambio prolijo en diagnósticos sociales y psicológicos.

En el margen definido por Urbina, en la «patria lejana» de Casal, *Nieve*, el segundo libro de Casal, tendría un «éxito incontestable», diría Varona en su reseña, donde el crítico ya no disimula su disgusto

---

[8] Véase Beaver 1981.

(1978, G2: 438-439). En el «museo ideal» de Casal, la serie de sonetos incluidos en *Nieve*, «no se ve nada» afirma Varona, que alude a una representación que oscila entre la opulencia de la imagen y la escritura opaca e «insensible» que la representa. Según Varona, que cita en inglés, Casal debió seguir el consejo de Keats, *never to write for the sake of writing* (jamás escribir por escribir, o por amor a la escritura). El léxico casi tremendista de Casal ofende, dice Varona, puesto que «En los clásicos aprendimos a llamar las cosas por su nombre». Lo que no acaba de decir Varona (tal vez decirlo ya sería aceptar un diálogo insólito), es que «lo nauseabundo» en la obra de Casal es la insistencia de un cuerpo malsano y purulento, cuya opacidad es el límite, el punto muerto, de un despliegue de signos inútiles, a menos que no se lean en función de ese cuerpo.

Varona se aleja del «cadáver» perturbador de «Horridum somnium» para señalar otra vez el sinsentido del signo casaliano; por ejemplo, uno de los poemas de *Nieve* remeda «un ánfora etrusca moldeada en una tienda de bric-à-brac en París». Los signos de Casal o bien carecen de «savia ideológica» o bien remiten a un cuerpo «nauseabundo». Casal debía dedicar su talento a «asuntos más altos, que pintar en jarrones, biombos, platos, estuches o abanicos, una gentil criolla con los atavíos postizos de una emperatriz de los nipones en *bal masqué*» dice Varona del célebre «Kakemono». El catálogo de objetos define una estética materialista, cuya versión popular fue el «buen gusto» de la pacotilla que se vendía en cualquier tienda de París y, por cierto, de La Habana, como se verá en el capítulo siguiente. Según Varona, en el museo de Casal, «no se ve nada»; sin embargo, sus comentarios sugieren que tal vez se vea demasiado. No vale la pena repetir los prejuicios evidentes en la lectura de Varona. Desde la perspectiva actual su lectura es útil por otras razones. Los encomios posteriores a la obra de Casal tomaron frecuentemente la ruta de la exaltación de lo estético y lo sublime, valores incorporados a los mecanismos estatales de difusión cultural a partir del modernismo, específicamente valores sobre el carácter y el uso de «lo bello» triunfantes incluso en Cuba, a pesar de que como es sabido, el modernismo no hizo escuela. En cambio, la estética clasicista y positivista de Varona es anterior a ese triunfo de lo estético y por lo tanto ofrece una dialéctica útil para releer a Casal.

Después de todo, la repugnancia que siente Varona frente al cuerpo y su recelo frente a los signos «insensibles» que lo adornan son recuperables. En cierta manera, constituyen una de las fuentes del enfoque crítico que orienta estas páginas. Por una parte, el llamado del cuerpo, siempre erótico incluso en su corrupción; por otra, los signos que lo representan, que lo convierten en imagen legible y a que su vez se transforman en mercancía desechable, como el *bric-à-brac* de la tienda finisecular. En su obra Casal insistió en el diálogo entre el cuerpo y sus signos. Comprendió que en «nuestra vida prosaica de factoría americana», en la frase de Varona, lo estético a veces se vende mejor que el azúcar. Si se fugó a «ese oriente remoto», libresco y artificial, no fue para caer en un sinsentido escapista sino para representar otro cuerpo, para significarlo de otra forma en el espacio «oriental», es decir para señalar su carácter excéntrico y erótico, aunque fuera decorándolo con la pacotilla del bazar moderno.

La escritura de Casal, marginal, artificiosa, teatral, casi ritualística, paradójicamente reanimaría la visión perdida en la retórica apolillada de la lírica cubana. Devolvería al monolítico monumento a las letras nacionales una visión cubana precursora de los hallazgos origenistas. El «idilio realista» de Casal no solo produjo la pastorcilla anacrónica, graciosa y cursi, «Apoyando la mano en la mejilla / y el codo en el rústico cayado», que tanto molestó a Varona. El trópico de Casal también es el lugar de un sujeto errático y sugerente que finge y luego semeja. En la estrofa siguiente de «Idilio realista», el «fínjenme» [sic] de la primera versión se transforma en «semejan». Como menciona Glickman, la substitución produce una construcción errónea puesto que el sujeto gramatical se pierde; sin embargo, en el error, en el lapsus linguae del sujeto se recobra su mirada oblicua, errante y visionaria, «por dondequiera que dirija el paso»:

> Dirigiendo la vista hacia la altura,
> semejan los celajes agrupados
> en el inmenso espacio que fulgura,
> islas de fuego en mares azulados. (1978: 74)

¿Quién dirige la vista? La pregunta es una inútil petición de principio. Lo que vale es el último verso, que promete la visión insular: «islas de fuego en mares azulados».

Desde un punto de vista crítico situado en este otro fin de siglo, el del xx, *Hojas al viento* tiene todo el atractivo de una cosa vieja, artificiosa y desamparada, pero algo más distingue ese primer volumen de la inminente marejada modernista. Es la inscripción, entre líneas, de una conciencia que reconoce la necesidad del artificio, que lo arma y lo desmonta para volverlo a armar, representando los estragos de un ritual que desgasta el cuerpo pero que sin embargo lo marca del residuo llamativo y legible de la escritura.

III.
El valor de lo estético

Desde un comienzo, las lecturas locales del primer libro de Casal lo sitúan al margen del «monumento patriótico a las letras», en la frase de *La Habana Artística* (Ramírez 1891: ix). La crítica fundadora de Varona, comentada en el capítulo anterior, se basó en un saber organizado en torno a los consabidos contrarios: fértil / estéril, normal / anormal, saludable / enfermo, claridad / opacidad del signo, y nacionalismo / «mundanismo» o cosmopolitismo. El denominador común de la serie, más o menos velado, es el cuerpo del escritor, su falta de «savia», de capacidad procreadora, su esterilidad tanto simbólica como vital, e implícitamente su sexualidad, «desviada» de la norma.

Como es sabido, la metáfora antropomórfica de la esterilidad repercute en diferentes sectores de la producciones simbólicas del fin de siglo. Por ejemplo, la difusión del binomio fecundo / estéril y su correlato natural / artificial se extiende hasta el plano económico, notablemente en los comentarios de Martí sobre la economía de la futura república. De más está decir que no hay en la obra de Casal un pensamiento económico equiparable al complejo ideario martiano; sin embargo, en sus crónicas sobre las tiendas habaneras de la entreguerra, Casal aborda la cuestión del valor del objeto estético en la época industrial. Sus crónicas sobre las tiendas transmiten un mensaje publicitario, pero sin embargo, la cuestión del valor de ese objeto no deja de marcar al cronista, que representa su propio desasosiego en el personaje marginal, estéril y «neurótico» de la Derrochadora.

En este capítulo se ampliará la latitud del erotismo en la obra de Casal para incluir ciertos aspectos de la economía cubana del fin de siglo. Uno de los binomios mencionados, fecundo / estéril, sirve de punto de partida. El comentario que sigue sobre su representación en dos textos de Casal pretende señalar los puntos de contacto, sin duda contradictorios pero sugerentes, entre el erotismo en Casal y la economía cubana del fin de siglo, utilizando como denominador común provisorio el citado binomio.

1. Fecundo / estéril

Es notable el carácter dramático de la poesía de Casal, donde se representan tanto los personajes femeninos como diversos personajes históricos y mitológicos. En «Recuerdo de la infancia» Casal pone en boca del padre una profecía terrible, cuyo tema central es el sino «estéril» del poeta, condenado a vagar por un mundo oscuro:

> –Sumergida en profunda melancolía
> como estrella en las brumas de la alborada,
> gemirá para siempre –su voz decía–
> por todos los senderos tu alma cansada,
> sumergida en profunda melancolía. (1978: 213)

El poema se apodera de los contrarios fértil / estéril, da todo el peso y la autoridad de la voz del padre al término positivo (fértil) y por lo tanto sitúa al poeta del lado negativo; sin embargo, esa representación a la vez se nutre y desborda los límites ideológicos de la oposición original. Desde un punto de vista biográfico, el poema es patético: «siendo yo niño», el padre profetiza la labor estéril del hijo, carente de todo «goce», y el pobre hijo pasa la noche llorando a solas. Pero ese cuadro sentimental, el padre que condena al hijo, no deja de sugerir otros registros de la imagen poética. La condena de la voz del padre transforma al poeta en una Proserpina sin resurrección posible, que «viste» sus propias quimeras «de encantos», es decir de signos falsos y artificiosos, como señaló Varona en su reseña de *Nieve*, donde aconsejaba a Casal «*never to write for the sake of writing*. No escribir para casar colores, ni cincelar frases, que resulten vacías» (1978, G2: 439).

«Recuerdo de la infancia», publicado póstumamente en *Rimas*, apareció por primera vez en *El Fígaro* el 4 de septiembre de 1892; la reseña de Varona de *Nieve* salió en la *Revista Cubana*, en agosto del mismo año. Puesto que se trata de un «recuerdo de la infancia», «el padre» del poema se ha identificado con el padre de Casal, pero no hay que descartar el eco paternal y severo de Varona. El respeto y la admiración de Casal por Varona, «el primero de nuestros grandes hombres», escribe Casal en 1888, son evidentes[1]. Para el joven poeta el espaldarazo de Varona era decisivo, pero, como ya se ha mencionado, en su reseña de *Nieve* Varona acaba por rechazar la escritura de Casal. «Recuerdo de la infancia» es la respuesta oblicua a la cruel condena no solo del padre biográfico de Casal sino también de Varona. Dice el padre del poema:

> Persiguiendo en la sombra vana quimera
> que tan sólo tu mente de encantos viste,
> te encontrará cada año la primavera
> enfermo y solitario, doliente y triste,
> persiguiendo en la sombra vana quimera.

Condenado por «el padre» a la sombra y a perseguir «vana quimera», el poeta-Proserpina transforma el infierno de su condena en visión con la mirada erótica de la última estrofa. Ahora el padre es la sombra y al apagarse su voz, el poeta es el que «ve», el que transforma el personaje del padre, y la autoridad de su voz, en la mirada erótica del poeta representado, el hijo y el *yo* del poema. Dice la última estrofa:

> : Como pájaros negros por azul lago,
> nublaron sus pupilas mil pensamientos,

---

[1] Para más detalles sobre la relación entre Varona y Casal, véase 1978, 2: 161-165.

y, al morir en la sombra su acento vago,
vi pasar por su mente remordimientos
como pájaros negros por azul lago.

Los «pájaros negros» manchan la pureza de lo estético, representada por el «azul» del lago, el emblema del valor estético asociado con lo sublime poético en el siglo XIX; además, como es harto sabido, el color hizo escuela y llegó a ser casi sinónimo de «modernismo». Casal publicó una reseña del *Azul* de Darío menos de un año antes de publicar «Recuerdo de la infancia»[2]. En la estrofa citada, las superposiciones metafóricas, azul / ojos del padre / pájaros negros / remordimientos, acaban por minar la autoridad de la voz paterna. La mirada del poeta adulto se impone sobre la del padre, nublándola.

La recreación poética del recuerdo terrible, «siendo yo niño», transforma la esterilidad de la profecía del padre en visión extravagante y poderosa. La imagen pictórica, casi iconográfica, de la condena paterna, se cumple en la representación de «la esterilidad», tanto la falta de «savia ideológica» como la anomalía de un erotismo que culmina en la fuga, la fatiga, la falta de goce, el tedio, y la tortura: «Como una planta llena de estéril jugo / que ahoga de sus ramas la florescencia» (1978: 214). El tono sentimental del poema depende de la eficacia de su *yo* lírico, pero si se considera que esa primera persona es dramática, casi teatral, los ángulos de la representación se alteran sugerentemente. Es decir, la representación del sentimentalismo en el poema no depende solo del punto de vista unívoco de su enunciante, sino que es espectáculo y *performance*[3].

---

[2] *Azul* llegó a Cuba en una edición de 1890. Casal lo reseña en *La Habana Elegante* el 15 de noviembre de 1891 (1963b, 1: 171-173).

[3] Eve Sedgwick comenta el impacto subjetivo del sentimentalismo en Proust y dice «it must be said that sentimentality *as spectacle* is structured very differently from sentimentality as *viewpoint* or habitation; that this difference is rhetorical; and that it is most powerfully charged for textual performance» [debe decirse que el sentimentalismo *como espectáculo* se estructura de manera muy diferente del

En la prosa, la representación del joven poeta como «planta estéril» se enriquece aún más. En «El amante de las torturas», publicado en *La Habana Elegante* en febrero de 1893, la convención narrativa favorece la identificación, o más bien la confusión, entre el narrador y el personaje del título[4]. La incertidumbre referencial de los pronombres y la situación ambigua del sujeto de la enunciación se manifiestan, aunque erráticamente, tanto en la poesía como en la prosa de Casal, contribuyendo a la construcción precoz de «la figura del poeta», que más tarde surgiría con mayor complejidad en la lírica de vanguardia (Mignolo 1982).

En el cuento «El amante de las torturas», el narrador visita una librería donde un joven extraño se pasea entre los estantes. Desde su entrada en la tienda, el narrador «asombra» al dependiente, que se vuelve desde lo alto de una escalera y «clavaba en mí sus pupilas asombradas». ¿A qué se debe el asombro del tendero frente al narrador? El lector jamás lo sabrá; sin embargo, es evidente que la persona del narrador se refleja, o se duplica, en la del «amante de las torturas», que también asombra al tendero. En otras palabras, el encuentro entre el narrador y «el amante de las torturas» es explícitamente especular: «Apenas hice un movimiento, mis ojos encontraron, frente por frente, un joven de alta estatura, vestido con extremada elegancia» (1963b, 1: 233). Los dos hojean libros preciosos y extraños: el narrador «con mano distraída» y el otro con «su mano, como una garra de marfil» (1: 234). Cuando el joven de la «garra de marfil» sale de la tienda, el narrador interroga al dueño, que entonces narra la historia del «amante de las torturas».

---

sentimentalismo como *punto de vista* o morada; que esta diferencia es retórica; y que es sumamente poderosa en la representación, o *performance*, textual] (1990: 222; énfasis del original; mi traducción).

[4] «El amante de las torturas» es un texto antológico del modernismo. Se incluye en la *Antología crítica de la prosa modernista hispanoamericana* (1976), de José Olivio Jiménez y Antonio R. de la Campa (234-239).

La ansiedad del tendero-narrador y el malestar que siente cuando narra su visita a la casa del «amante de las torturas» lo distancian de las extravagancias que cuenta; es decir, sugieren que el tendero es el hombre común y corriente, meramente asombrado por lo que ha visto en la casa de su cliente. El tendero encarna «lo normal», la doxa, y es por lo tanto incapaz de compartir la curiosidad casi palpable del narrador. Orientado por las preguntas, y los silencios, del narrador, el relato se convierte en la representación de un erotismo anómalo y envolvente que fascina tanto al Casal-narrador como al lector. A diferencia de la «planta de estéril jugo, que ahoga de sus ramas la florescencia» condenada por el padre en el poema, el «amante de las torturas» produce con brío una flora grotesca, digna de una pesadilla de des Esseintes.

Rodeado de «todo género de plantas letales», el «amante de las torturas» vive dentro de una flor letal, dentro de un órgano sexual fabuloso y andrógino, ofrecido al Casal-narrador en el relato del tendero, cuya distancia de lo que relata invita la fascinación y la complicidad del lector:

> En uno [de los ángulos del techo], se veía un murciélago, abiertas las alas de terciopelo gris, próxima ya a agitarse sobre nuestras cabezas; en el otro un cocodrilo estiraba su cuerpo de un verde metálico, como dispuesto a abalanzarse sobre la presa olfateada; en éste, una serpiente desenroscaba sus anillos, erectando su lengua húmeda de baba; en aquél un dragón de fauces abiertas, deshacía con su garra el cuerpo de un faisán. Entre los intersticios, se destacaban otros animales pequeños, como erizos y escorpiones [...] La mesa en que escribía, toda de ébano, con incrustaciones de marfil, estaba cubierta de objetos adecuados, pero todos representaban, desde el tintero hasta la espátula, instrumentos de tortura. (1963b, 1: 236)

En el interior del «amante de las torturas», sin duda precursor de los recintos de *Cobra* o *Colibrí* de Severo Sarduy, la representación de un erotismo letal y estéril es fecunda en imágenes sensorias cuyo propósito es atrapar al lector, fascinado como un insecto en la red que cuelga del techo: «Una red inmensa, tramada de hilos de seda, cubría las vigas del techo, mostrando en el centro, a manera de roseta, un quitasol japonés, de fondo plateado, donde se abrían flores monstruosas, quiméricas, extravagantes y amenazadoras», una «red» que es el emblema, apenas disimulado, de la producción simbólica del propio Casal.

2. Mercado natural / neurosis moderna

La crítica cuestionó el valor del quitasol de flores monstruosas de Casal, «el quitasol de un inmenso Eros» en el verso de Lezama (1970: 435). Ciertamente, cuestionó su pertinencia en la Cuba del fin de siglo, en su realidad política, económica y social. El carácter erótico-estético del desvío de la obra de Casal tiene implicaciones económicas que se representan erráticamente en algunas de sus crónicas, específicamente las crónicas sobre las tiendas, el *locus* de valores palpables que, sin embargo, se cuestionan, culminando en un vértigo del valor que inexorablemente recae sobre el cuerpo.

Según el comentario de Enrique Hernández Miyares, la economía es el tema clave en el debate sobre el destino de la isla: «Más que la política, que ya se ha hecho soportable como se soporta un reuma crónico, agitaba la opinión pública la cuestión magna en la colonia, la económica, la que hace que el azúcar amargue, que no se venda por el bajo precio» (1978, G2: 120-121). Si el valor económico nacional por excelencia, el azúcar, se amarga en los almacenes, la tienda, vendedora de objetos artísticos importados, prospera. Como es sabido, la circulación del capital es inseparable de anomalías de esta índole. En algunas de las notas publicitarias en *La Habana Elegante* y en las crónicas de Casal sobre las tiendas habaneras, las anomalías del erotismo y la cuestión del valor económico y estético del objeto tienen un denominador común: el derroche. En la tienda, el escritor, que debe representar el valor para las lectoras-compradoras, es también el creador de plantas exóticas y estériles, es decir, de objetos estéticos carentes de valor en el paradigma fecundo / estéril, cuya representación en la crónica no es menos paradójica y ambigua que en la poesía.

En marzo de 1892, Martí escribe «La guerra se ha de hacer [...] para poner los productos de la Isla, sin trabas ni menjurjes, en sus mercados naturales; para dar suelo propio y permanente a las industrias cubanas» (1975, 1: 357). En su comentario sobre la ruta que debía tomar la economía cubana después de la independencia, Martí utiliza uno de los contrastes fundamentales de su ideario. Un mercado natural, es decir orgánico, se contrasta implícitamente con un mercado artificial, contrahecho y grotesco. En el polo opuesto del «mercado natural» que propone Martí, podría situarse la gran tienda habanera del fin de siglo, importadora de objetos de lujo para el consumo de las clases que prosperaron durante el complejo y caótico período entre las dos guerras de independencia.

Comparado con la frontalidad ideológica de los escritos de Martí sobre la economía insular, cualquier comentario de Casal sobre el tema resulta oblicuo y paradójico. En las crónicas de Casal, el recorrido circular y errático entre el espacio político que recibe la mirada del escritor y una subjetividad centrada en el cuerpo, casi siempre peripatético, nutre de su dinamismo una visión ambigua y sugerente. Si Martí profetizó con lucidez los resultados nefastos de una política económica neocolonialista, Casal los vivió en carne propia en la Cuba de entreguerras. Su hastío en la capital finisecular no es solo un tema literario recién importado; forma parte de un contexto representado en sus crónicas y reseñas para la prensa habanera. Si seguimos por el momento la ruta de los opuestos, la economía natural que propone Martí, donde los productos locales encuentran su sitio, sugiere que hay una economía artificial, importadora de los productos «de sello europeo» que se vendían en las tiendas que Casal describe en sus crónicas. El artificio de la respuesta casaliana, criticado desde un comienzo como si se tratara de una anomalía dentro de la realidad cubana, cobra otro sentido en el contexto de la economía que permitió que en ciertas esquinas habaneras surgieran tiendas dignas de París o Nueva York.

A primera vista, las reseñas y crónicas de Casal sobre la gran tienda habanera parecen cumplir una simple tarea publicitaria; sin embargo, en el conjunto de textos sobre las tiendas, los de Casal y los anuncios y las notas en las revistas donde publicó, se define la situación del escritor en la economía cubana finisecular, mantenida a flote precisamente a través de las «trabas y menjurjes» que censuró Martí. Los escritos de Casal sobre la tienda habanera no solo revelan las características de la economía enjuiciada por Martí; constituyen también un cuestionamiento reiterado sobre el valor de la mercancía y de la escritura que la describe. Los textos sobre la tienda se sitúan entre la economía y la estética, en un lugar ambiguo donde la «neurosis moderna» de la compradora no deja de marcar al escritor.

La cita de Martí ha sido tomada de su reseña sobre la asamblea convocada por el Comité de Propaganda Económica de La Habana, el 15 de marzo de 1892, un mes antes de la fundación oficial del Partido Revolucionario Cubano. Martí contrasta la visión económica de una Cuba independiente con la realidad de un país que atravesaba «momentos de desesperación», en la frase de uno de los oradores en la asamblea. La derrota de los independentistas, confirmada por el Pacto del Zanjón en 1878, aceleró la ruina de los hacendados cubanos, a la vez que favoreció el desarrollo de los intereses peninsulares y marcó el comienzo de una nueva alianza entre la burguesía criolla y el capital norteamericano, que resultaría nefasta para el proyecto independentista de Martí.

La secuela a la derrota del 1878 fue la quiebra casi total de la economía nacional. La ruina de los hacendados criollos facilitó la reorganización económica y social del país para dar entrada a nuevas fuentes de capital extranjero, especialmente el capital norteamericano. La alianza entre las compañías mercantiles de Estados Unidos y la burguesía criolla produjo un breve período de prosperidad entre 1891 y 1894, uno de los tantos que disfrutaría la isla que, sin embargo, sometía su autonomía económica a los altibajos del mercado internacional y a la política económica de los centros metropolitanos: Madrid, Nueva York y Washington (Pérez, Jr. 1988: 131-152). La nueva alianza económica de la burguesía criolla y las diversas oposiciones a la misma centraron un complejo debate sobre la definición de lo cubano y particularmente sobre sus manifestaciones estéticas. Si en la oratoria independentista, los términos del debate son explícitos, en la crónica se subordinan al deber de complacer a las lectoras, las consumidoras de valores estéticos que tanto las nuevas tiendas como las mismas crónicas debían vender. Al ofrecer un valor estético consumible, en el sentido lato de la palabra, es decir, que se ofrece a la venta y a la vez se gasta, el sujeto de la crónica representa sus propias dudas sobre el valor estético. Su representación culmina en el personaje marginal y «neurótico» de la Derrochadora, que encarna el dilema del escritor en una primera versión de la crónica y que luego se altera para desdibujar las huellas de esa identificación.

En La Habana de la segunda mitad del siglo XIX coexistían el progreso técnico, el ferrocarril, el alumbrado de gas, el telégrafo, con la explotación y la pobreza: «el espléndido lujo europeo, con la sórdida miseria» (Venegas Fornias 1985: 44). En cambio, Martí propone la relación natural, es decir el sano equilibrio, entre las industrias «nacidas del propio suelo» y la importación[5]. A falta del origen natural de la industria, los pactos y alianzas entre el capital criollo y el extranjero pretendían naturalizar la mercancía extranjera para el consumo local en una especie de simulacro nacional. La falsedad de ese simulacro sirve de marco a la naturaleza artificial de la obra de Casal, cuyo origen es un cuerpo «mórbido» donde la metáfora antropomórfica encuentra su límite en la enfermedad y el erotismo. Por supuesto, la relación entre diferentes modelos económicos y el cuerpo erótico y enfermo no es ni explícita ni dialéctica, ni tampoco lo es la respuesta estética de Casal. Al contrario, los nexos entre una

---

[5] «La industria en los países nuevos» (1883). En Martí 1975, 7: 26-28.

economía colonial «malsana» y las representaciones de Casal son ambiguos y borrosos; sin embargo, sus goznes y puntos de contactos no dejan de ser legibles.

3. DE COMPRAS EN LA HABANA DE 1890

En el panorama económico y político de la isla en los años de entreguerra, en medio de la devastación casi total de los campos de cultivo y la miseria de sus moradores, la presencia en la capital de una tienda lujosa no es menos grotesca que el contraste entre la miseria callejera de Nueva York y la opulencia de sus interiores privilegiados, la mansión, el museo, y la misma tienda. De más está decir que una crónica publicitaria sobre la tienda habanera tenía que ser un encomio o arriesgar con su crítica la furia del tendero, el pagador de los anuncios cuyo importe sin duda figuraba en el presupuesto de *La Habana Elegante.* La posición del cronista es forzosamente ambigua y de ahí la riqueza de la crónica como territorio eminentemente legible desde una perspectiva actual, puesto que en la crónica los límites entre lo ético, lo político en un sentido lato, lo moral, lo económico y lo estético no se definen tan tajantemente como han sido definidos posteriormente. Dichos límites se estaban sentando con el primer modernismo y Casal no dejó de señalar la ambigüedad inherente en lo que llamó «la misión del poeta moderno» (2: 144).

Casal cumple con su tarea de elogiar los productos de las nuevas tiendas y a la vez representa de maneras diversas el valor dudoso de la mercancía, amontonada para garantizar su variedad, ya que no siempre su calidad. Si el valor del objeto estético, reproducido y degradado en la mercancía recién importada, es ambiguo, también es ambigua la posición y la naturaleza del sujeto que escribe sobre ese valor. Según Terry Eagleton, la estética media entre el cuerpo y el estado. Lo sensorio, lo corporal, y hay que añadir lo erótico, se integran a los nuevos estados liberales a través de lo estético, que requiere una subjetividad humana apropiada para el nuevo orden y apropiable por el mismo. En el campo de lo estético se inscribe la rebelión del cuerpo mudo contra la tiranía de lo teórico y contra la razón (Eagleton 1990: 1-30). En Casal el papel mediador de la estética entre el cuerpo y el estado se complica, puesto que en Cuba el estado liberal era un proyecto frustrado y en el cuerpo de Casal, la enfermedad y el erotismo se asocian al castigo y la marginación; es decir, las representaciones estéticas de Casal ofrecen una mediación doblemente ambigua y contradictoria.

La crónica de Casal sobre la tienda es la ampliación de una de las notas publicitarias que aparecían en *La Habana Elegante*, a veces junto a grabados de vestidos u otros objetos de consumo. Casal redactó y firmó algunas de dichas notas y tal vez escribió otras que aparecieron anónimamente. La crónica de Casal no tendría gran interés si solamente ampliara los detalles del anuncio, o si solamente describiera la tienda y alabara una vez más «el buen gusto» de la mercancía, siguiendo la trillada ruta de los artículos sobre la moda que aparecían regularmente en la prensa habanera. Lo que llama la atención en la crónica es la postura subjetiva de un observador que se trastorna y se transforma, un observador cuya respuesta a la situación nacional señala, y desborda, los límites del dualismo del saber hegemónico: fecundo / estéril, nacionalismo / «mundanismo», o artificial / natural.

Bajo la dirección de Enrique Hernández Miyares, *La Habana Elegante* se transformó en una de las revistas más importantes de la época. Sin duda, la participación de Casal, que publicó en sus páginas gran parte de su obra, la colaboración de Darío y Gutiérrez Nájera entre otros escritores del momento, y las reseñas y traducciones de autores europeos, convirtieron a la revista de modas y chismes de aldea grande en uno de los órganos principales del primer modernismo. Tampoco dejaron de ventilarse en sus páginas cuestiones candentes sobre el destino económico, político y cultural de la colonia. Sin embargo, la portada de la revista conservó la dedicatoria de sus primeros días, «al bello sexo», y con razón, puesto que la mayoría de sus anuncios se dirigían a «nuestras compradoras», muchachas y señoras de «la clase rica» y «la clase media», para citar las categorías propuestas en un anuncio / artículo anónimo de *La Habana Elegante*.

En la sección «Notas y noticias» de *La Habana Elegante* del 2 de enero de 1887, el escritor anónimo, tal vez Hernández Miyares o el propio Casal, contrasta el desaliño de la capital con el lujo de una de sus tiendas: «La Habana, de cuya suciedad y atraso hablan casi todos los viajeros en sus libros originales, tiene algo magnífico de qué enorgullecerse: de la casa de Hierro y Compañia, *El Fénix*» (LHE 5 (1): 8). Los anuncios del «gran bazar de joyería y efectos de fantasías de la calle del Obispo» aparecen regularmente en la revista, a veces relacionados con el carnaval o con algún baile, como el «Baile blanco» de marzo de 1885. Para el carnaval de 1885, la tienda *Filosofía* anuncia la venta de disfraces de dominó por un peso. Dice el anuncio: «¿Quién no se disfraza por un peso?» (LHE 3 (8): 15). En los «tiempos calamitosos» que atravesaba la isla, la respuesta es evidente[6]. Escaparse del ambiente circundante era una alternativa, más que atractiva, casi necesaria.

El tema del escapismo de la realidad circundante es recurrente en muchos de los artículos de *La Habana Elegante* y constituye una crítica indirecta, subversiva si se quiere, a la situación político-económica de la isla. Los anuncios de la revista se dirigen por supuesto a un comprador o compradora. Simultáneamente los artículos de la revista comienzan a trazar el perfil de otro tipo de comprador: el lector, más bien la lectora/consumidora. En el artículo citado, Hernández Miyares define la relación entre comprador y lector en un lapso deliberado: «En ninguna parte como *El Fénix* puede encontrar el curioso lector, digo, comprador, más bellos objetos reunidos». El mediador entre el objeto lujoso de la tienda y el comprador o la compradora es el escritor que en los anuncios y las reseñas de la revista describe el valor de la

---

[6] La frase es de Hernández Miyares, que maldice los «precios del azúcar» en su sección regular «Ecos y murmullos», en *La Habana Elegante* del 15 de marzo de 1885 (3 (11): 10)

mercancía; Casal desempeña ese papel de agente cultural, pero acaba por alterarlo radicalmente. Igual que sus conciudadanos, alentados a «disfrazarse por un peso», Casal producirá una escritura artificiosa y oblicua, fundadora de una subversión soterrada.

Según una de las anécdotas más conocidas de su biografía, Casal tuvo su primer contacto con el capital cultural europeo a fines de 1885 gracias al baúl de libros franceses que Aniceto Valdivia trajo del continente europeo[7]. Olvidada su fama de dramaturgo y polemista en Madrid, Valdivia, el llamado *Conde Kostia,* cumple en las biografías la misión de haber iniciado a Casal en las lecturas fundamentales en el desarrollo de su arte y su personalidad. Aunque la mercancía es diferente, el papel de embajador cultural que llevó a cabo Valdivia se reproduce en el papel del comprador de la tienda *El Fénix*. Un artículo publicitario sobre *El Fénix* explica la función que desempeñaba su comprador permanente en Europa: «De nacionalidad alemana y conociendo cinco idiomas, recorre a nombre y representación de la casa, todos los centros de la producción europea» (LHE 1.III.1885, 1 (61): 15). «Atento al último latido de la industria», el viajante políglota garantiza la calidad de los productos que ofrece la tienda. Por otra parte, gracias a la eficacia del transporte moderno, el consumo insular del lujo importado es casi inmediato, ya que los objetos llegan a la tienda «con la diferencia de quince días entre el momento en que aparecen en Europa, y el en que [sic] se encuentran a la venta en nuestra casa». El anuncio aclara que no es cuestión simplemente de importar productos extranjeros y hace hincapié en el papel del comprador: «refundir en la industria extranjera las particularidades de nuestro genio y originalidad y de hacer que lo fabricado fuera parezca fabricado en el país, y como encargado expresamente». El redactor

---

[7] El contenido del baúl es conocido, pero vale la pena repetir algunos nombres: Rimbaud, Verlaine, Amiel, Gautier, Leconte de Lisle, Heredia el francés, Baudelaire, Maupassant, Mallarmé, Flaubert, Loti, Huysmans. Véase Armas 1981: 50-51).

del anuncio muestra plena conciencia de la situación económica a la que se referiría Martí siete años después en su nota sobre el Comité de Propaganda Ecónomica de La Habana; por supuesto, a diferencia del proyecto revolucionario de Martí, los intereses que controlan *El Fénix* pretenden naturalizar el producto extranjero gracias a la eficacia de su comprador. Por su parte, el esfuerzo de Casal por naturalizar el capital simbólico europeo lo llevó por una ruta compleja y contradictoria puesto que el teatro de dicha naturalización de lo ajeno es su propio cuerpo, erótico y extravagante, la «planta de estéril jugo» del poema, la planta letal de flores monstruosas del «amante de las torturas».

    El artículo publicitario sobre *El Fénix* no es solo una propuesta atractiva a «la clase rica» y «la clase media» cuya avidez de lujo y prestigio la tienda debe satisfacer. A la propuesta comercial se añaden varios párrafos de carácter moralizador que revelan el tenor del ambiente donde se movía Casal. La participación del capital extranjero en la economía insular permitió el desarrollo del consumismo característico de las metrópolis imperiales; no obstante, en la sociedad criolla no ocurren las transformaciones sociales que en dichas metrópolis han acompañado el auge de la economía del consumo, las transformaciones, por ejemplo, en el papel de la mujer que se une a la fuerza laboral, las alteraciones en la relación entre los sexos, y eventualmente la creación de grupos donde una marginalidad más o menos institucionalizada podría dar lugar a respuestas novedosas para desequilibrar o decentrar las construcciones ideológicas dominantes. El ámbito de una de esas respuestas sería por supuesto lo estético, la ruta de Casal. Sin embargo, el grupo que rodeó a Casal, que lo apreció y apoyó su labor, fue conservador y ciertamente nada innovador en el plano social y cultural. El «raro» era Casal. Conservando las distancias a pesar de su amistad, Hernández Miyares lo llamó «mi hermano en ideas, aunque yo figure a la izquierda del partido exótico de que él es "leader"» (en Armas 1981: 127). Por supuesto que la «izquierda» de Hernández Miyares es el lado que se aparta del furor del centro, reservado para Casal, quien finalmente quedó circunscrito no solo al interior, el lugar tópico de la subjetividad modernista, sino al cuerpo, doblemente aislado, por la enfermedad, que Casal no dejó de estetizar, y por un secreto de carácter erótico, diversamente representado, de nuevo estetizado, aunque nunca nombrado: «De mi vida misteriosa / tétrica y desencantada, / oirás contar una cosa / que te deje el alma helada» (1978: 209).

En la colonia, el carácter casi democrático del comercio (cualquiera que tenga el dinero, compra) era incompatible con el clasismo, el racismo y la ideología de la familia de los grupos dominantes. Si el modelo paternalista de la hacienda criolla había perdido vigencia, perduró en un plano cultural. El efecto nivelador del capitalismo en el Norte y en las ciudades europeas no pudo afianzarse en una sociedad donde siguió imperando la familia como el modelo cultural dominante, con sus consabidos correlatos: la diferencia nítida entre los sexos y entre los papeles que deben llevar a cabo, la pureza del «bello sexo» y la «santidad» del hogar, toda una ideología amenazada particularmente por las condiciones artificiales de la ciudad. En su estudio sobre el nacionalismo y la sexualidad, George Mosse afirma que en el siglo xix la ciudad fue el lugar privilegiado de la ampliación del contraste normal-anormal, que también implica lo genuino frente a lo contrahecho y grotesco, y la transparencia del sentido frente a la opacidad onerosa del signo, la bestia negra de Varona y sus seguidores (Mosse 1985: 32).

El 13 de marzo de 1890, Casal publica en *La Discusión* una crónica titulada «Album de la ciudad. El Fénix» (1963b, 2: 75-77). El párrafo inicial de la crónica parece una ampliación de la nota anónima de *La Habana Elegante* antes citada, donde se contrastaba la suciedad y el atraso de la capital con el lujo de la tienda de Hierro y Compañía. La crónica de Casal puebla esa suciedad con una serie de personajes callejeros e inmediatamente sitúa al paseante en su centro, un paseante francamente atraído por el fulgor de los objetos que se encuentran en el interior de la tienda:

Huyendo del polvo que alfombra las calles; del viento cálido que sopla en todas direcciones; de los miasmas que ascienden del antro negro de las cloacas; de los ómnibus que desfilan al vapor; de los carretones que pasan rozando las aceras; del vocerío de los vendedores, que araña los nervios; de los empleados que corren a las oficinas; de las gentes que preguntan si Oteiza vendrá y de las innumerables calamidades que vagan esparcidas en la atmósfera de nuestra población; penetré ayer al mediodía, en el lujoso establecimiento del señor Hierro, situado en la calle de Obispo, esquina a Aguacate, atraído por los innumerables objetos que fulguraban en su interior (1963b, 2: 75).

Todos los detalles del exterior irritan los sentidos con su roce perturbador: miasmas que ascienden, carretones que rozan las aceras, el vocerío que araña los nervios. En cambio en el interior, se suspende todo estímulo salvo el visual. «La vista se deslumbra» frente a los objetos y «la fantasía» gira «de un objeto a otro como luciérnaga errante». El vértigo que produce la aglomeración de objetos se apodera de la crónica y clausura, o al menos enturbia, el elogio de los objetos aislados, amontonados, destinados a «lucir un instante a los ojos de sus anticipados compradores». Entre la variedad inconexa de los objetos y la incapacidad de escoger uno u otro se establece una relación dinámica. La visión deslumbrante y fugaz del objeto culmina en la compra, tan rápida y finalmente tan inútil como el desfile de los objetos. Hasta cierto punto, la crónica remeda el encomio del anuncio, pero orientada, o desorientada más bien, su perspectiva por el vértigo del observador, comienza a cuartearse la visión fulgurante de los «brillantes anaqueles» del emporio.

Casal menciona que la crónica es «una reseña muy ligera del soberbio establecimiento» y que la escribe porque se encuentra «falto de asunto para esta crónica». Los objetos en los «brillantes anaqueles» de la tienda «desafían a la pluma más experta» y finalmente «rechazan toda descripción», es decir no conducen a la escritura sino al agotamiento y el silencio (1963b, 2: 75). Una vez marcada la posibilidad de ese silencio, especie de fatiga del significante frente a la luz cegadora y casi letal del objeto, Casal vuelve a la enumeración con la presteza resignada de quien completa una labor desagradable: «dividiré este artículo por medio de estrellas, en tres partes distintas, correspondientes a las tres secciones más importantes del grandioso almacén: la de joyería, la de objetos de arte y la de juguetería». Significativamente, los objetos de las tres secciones del almacén (joya / objeto de arte / juguete) son el resultado de una producción «perversa»; es decir, para citar a Bataille, representan el «desgaste» de la producción, no su finalidad utilitaria (1967: 28). A pesar de los esfuerzos del cronista por señalar su valor, se trata de «objetos artísticos» reproducidos en grandes cantidades frente a los cuales el hastío de Casal es casi palpable.

Casal afirma mecánicamente el «buen gusto» de los objetos y describe algunas de las joyas en un estilo que se acerca a una parodia entre deliberada e involuntaria del gusto modernista por el objeto artístico[8]. El despliegue de los objetos descritos por Casal es abrumador; desfilan, entre otras cosas, medallones a la antigua, «un faisán de oro, con buche de nácar y alas diamantinas, que lleva diamante en el pico, ansiando posarse en el seno escultórico de una Cleopatra moderna»; palomas que se arrullan «dejando caer una perla para besarse mejor», «una margarita de esmalte blanco, ornada de un diamante, imitando una gota de rocío». La serie concluye por fin, pero la metonimia que la sostiene continúa dentro del último objeto, se extiende, patológicamente diría el antropomorfismo imperante del fin de siglo, el de Casal y por cierto el nuestro: «una media luna de brillantes, sosteniendo un niño de sardónica, piedra semejante al ágata, que agita un diamante entre las yemas de los dedos» (1963b, 2: 76).

---

[8] A diferencia de Gómez Carrillo, cuya descripción entusiasta se aproxima a su propia parodia, Casal finalmente aparta la mirada del objeto fulgurante, que comienza a borrarse y perderse en el amontonamiento de la tienda. Sobre Gómez Carrillo, véase Bastos 1989: 51-73.

A pesar de los diamantes, al parecer bastante pequeños, se trata de joyas relativamente baratas, «fantasía de calidad» diría uno hoy día. El diamante, «piedra heroica y casta», escribe Casal, cede el paso a «lo diamantino», a las piedras semi-preciosas, como la sardónica, y al esmalte. Se trata de preciosidades salvadas de lo ordinario por «el buen gusto artístico del joyero-fabricante», objetos «de precio adecuado a la situación financiera del país», añade Casal. En el poema modernista, la joya se convierte en cifra de valor canjeable, metafórico, que se desgasta y chisporrotea iluminando el objeto con su destello fugaz, como ilumina al Infante enfermizo de *Rimas*, que «las perlas del collar deshace en chispas» (1978: 220). En cambio, una metonimia casi jadeante es la figura retórica principal de la crónica. Las joyas se amontonan inútilmente en espera de una «Cleopatra» o una «Berenice», personajes histórico-literarios que resultan absurdos en este contexto, como si fueran máscaras de carnaval para las verdaderas compradoras de la joyería de *El Fénix*.

La descripción de las joyas concluye abruptamente con las tres estrellas prometidas por Casal. La sección que sigue, sobre los objetos de arte, es mucho más breve, poco más que un catálogo donde lo valioso se confunde con lo *kitsch*, «sin distinción de jerarquía»: «tibores japoneses, alrededor de los cuales vuelan monstruos, pájaros y flores; lámparas de metal, con su pantalla de seda, guarnecida de encajes; relojes de mesa, encerrados en urnas de cristal; vasos de Sèvres, de distintos tamaños, búcaros de barro húngaro y barro italiano, traídos de la exposición de París». La lista sigue hasta que se agota en «un número infinito de *bibelots*» (1963b, 2: 75-77). La conclusión que añade Casal a la lista ya es francamente mordaz. Los diversos objetos,

> minúsculos fragmentos de obras de arte, que, como observa Bourget, han transformado la decoración de todos los interiores y les han dado una fisonomía arcaica tan continuamente curiosa y tan dócilmente sometida que nuestro siglo, a fuerza de recopilar y comprobar todos los estilos, se ha olvidado de hacerse el suyo (1963b, 2: 77).

El amontonamiento de los objetos resulta en la fuga de lo aurático de Walter Benjamin (1969: 217-251). El «buen gusto» es un cliché publicitario en el cual se apoya Casal, que en seguida añade que es el resultado de la labor del «joyero-fabricante», una expresión que hace hincapié en el carácter fabril de la mercancía. Por otra parte, la diversidad en el estilo de los objetos finalmente clausura toda noción de «buen gusto»; la decoración del individuo y de los interiores donde mora se convierte en una actividad puramente mimética: el nihilismo del consumo, un vértigo de objetos en torno a un vacío cuyo significado tratará de suplir el cronista.

En el departamento de objetos de arte, uno de los objetos representa mejor que ninguno ese nihilismo del consumo, «la dolencia» que encarnará la Derrochadora en otra crónica de Casal. En su recorrido por el departamento, Casal se fija en el «*Orchestrión*», un órgano mecánico, que tocaba aires musicales grabados en «seis cilindros»[9]. El *Orchestrión* de *El Fénix*, el único en La Habana, es semejante al de la Patti, la célebre diva operática, salvo por una diferencia: el de la tienda habanera «toca algunos aires cubanos». En el contexto de las propuestas revolucionarias de Martí sobre la distribución natural de los productos en la economía nacional y desde un punto de vista situado en este otro fin de siglo [el XX], atiborrado de mimetismo electrónico, el encuentro de Casal con el *Orchestrión* acriollado resulta patético y alucinante a la vez, como si se tratara de un momento de asombro ante un futuro apenas vislumbrado, donde imperaría una economía que endiosaría el objeto en un proceso tanto más perturbador cuando ese objeto nos interpela, cuando toca «algunos aires cubanos», obligándonos a reconocernos en su reproducción mecánica.

---

[9] En el siglo XVIII y XIX, con el nombre de «Orchestrión», recibieron patente varios aparatos que reproducían mecánicamente los instrumentos de la orquesta por medio de tubos y cilindros o tarjetas perforados, prototipos del órgano eléctrico y el sintetizador electrónico. Véase Sadie (ed.) 1980, 13: 70.

Después de «los objetos de arte», entre los que figura el aparato musical, el cronista pasa a la sección de juguetes, «llamada vulgarmente [...] el *Paraíso de los niños*», añade Casal con evidente impaciencia. La visita de Casal al departamento de juguetes tiene un antecedente literario cuya influencia es notable, pero de cuyo sentido éste se aparta significativamente. Casal editó y tradujo «La moral del juguete» de Baudelaire, donde éste alaba la imaginación que rige el juego infantil y desdeña la transformación del juguete en objeto útil. Baudelaire escribe que hay niños que «no usan los juguetes, los economizan, los ponen en orden, hacen museos, y los enseñan de vez en cuando a sus amigos, *prohibiéndolos tocar*. Desconfiaría de estos *niños-hombres*»[10]. Para Baudelaire la «estatuaria singular» del juguete representa las ideas de la infancia sobre la belleza, una estética animada por la imaginación. A diferencia de la costosa escenografía del teatro mimético, el juguete crea «espacios ficticios» con los recursos más limitados. En manos del niño de Baudelaire el juguete parece recobrar el aura perdida de lo bello –no en la tienda de Casal, sin embargo, donde los juguetes se convierten en la muralla amorfa de una pesadilla cinemática expresionista, muy distante de la «florescencia de juguetes [...] como estalactitas maravillosas» en la mansión de Madame Panckoucke, «el Hada del juguete» de Baudelaire. En la tienda habanera, dice Casal: «Desde el techo, por medio de las paredes, los juguetes llegan hasta el suelo, formando grupos compactos que se amontonan por todas partes. Es casi imposible el tránsito por este departamento, sin dar un tropezón» (1963b, 2: 77).

Casal no alcanza la apoteosis estética del juguete del ensayo de Baudelaire: la calle habanera lo reclama. La mirada que Casal dirige al exterior se aparta del objeto y sorprendentemente se vincula al asombro indignado de Martí en los antros de Nueva York. En el

---

[10] La traducción de Casal se publicó en *La Habana Elegante* el 16 de octubre de 1887 (en Casal 1963b, 3: 96-100). «Morale du joujou» aparece en Baudelaire 1961: 523-529. El énfasis es del original.

pasaje siguiente la mirada del observador se encuentra con la mirada deseosa de los niños, tanto más ávida porque solo pueden contemplar los objetos desde el exterior de la tienda:

> Tras la verja de hierro que separa [la tienda] de la calle, los niños se asoman, con la boca abierta y las pupilas dilatadas, tratando de introducir el rostro por los barrotes, como para estar más cerca de ellos y contemplarlos [los juguetes] mejor. (1963b, 2: 77)

Una vez afuera, las «maravillas artísticas» del interior se esfuman ante «el espectáculo de las calles» que lo impresionan «dolorosamente». Casal añade tres estrellitas al final de la crónica y concluye con una coda donde la mirada objetiva que se deja arrastrar por los objetos se convierte en una visión subjetiva característica. La tienda se transforma en un «antiguo palacio italiano» que abandona para bajar hasta el fondo de «inmundos subterráneos, interminables y angostos, llenos de quejas, gritos y blasfemias, semejantes a los que se contemplan en las aguafuertes de Piraneso» [sic] (2: 77). Casal se refiere a la popularísima serie de grabados de Piranesi (1720-1778) titulada *Carceri d'invenzione*, visiones fantásticas de calabozos y celdas llenos de cuerpos contrahechos y escenas de horror y tortura en las ruinas de una ciudad subterránea[11]. La referencia a la obra del aguafuertista italiano transforma la fealdad y el horror de la calle habanera en una representación tan canjeable, tan legible, como los objetos «artísticos» de la tienda; de hecho, la representación de la calle se amplía con la referencia pictórica, alterando el valor de los objetos, cuyo fulgor se opaca frente a la transformación que ha logrado la escritura del cronista, una escritura que finalmente le causa más placer, «una gran satisfacción», que cualquier objeto. Al cronista

---

[11] A partir de 1839, y hasta nuestros días, se han multiplicado las ediciones de las *Carceri* de Piranesi, que han llegado a ser, según el encomio introductorio de un curador, «parte de la imaginación del siglo xx». Véase Sackler Collection 1975: 13.

le satisface no ambicionar «ninguno de los objetos que habían deslumbrado momentáneamente mis ojos». Como si quisiera apartarse de un fulgor cegador y nefasto, añade: «Seguía prefiriendo un buen soneto al diamante de más valía». La ironía casi inconsciente de la frase es patética, puesto que ni en la tienda se encuentra el «diamante de más valía» ni lo que acaba de escribir Casal es «un buen soneto», sino el texto fragmentado y dialógico de la crónica.

La descripción de la salida de la tienda como el descenso de «un palacio italiano» al doloroso «espectáculo de las calles» es una paráfrasis del último párrafo del capítulo XIII de *La sociedad de La Habana*, publicado en 1888, dos años antes de la crónica sobre la tienda. En el capítulo citado Casal describe la visita al estudio del pintor Guillermo Collazo. El contraste entre la tienda de 1890 y el estudio de 1888 es esclarecedor. Al final de la visita al estudio de Collazo, Casal contrasta el arte, que proporciona «todos los goces», con «la realidad dolorosa» (1963b, 1: 153). En la crónica sobre la tienda «la realidad dolorosa» se convierte en «el espectáculo de las calles», que contrasta con los objetos artísticos que «habían deslumbrado momentáneamente mis ojos». El arte mecánico de la tienda solo ofrece un refugio pasajero, no «los goces», incluso el de «olvidar», provocados por el arte. En la crónica sobre la tienda, Casal parece acercarse a una estética que aprende de la mercancía, vaciada de un valor que solo deslumbra fugazmente y que por lo tanto hay que reactivar y recrear a cada paso. Casal reconoce que la crónica publicitaria se acerca a una versión escrita de los rituales insulsos de la burguesía habanera. Sin embargo, el escritor intenta, por ejemplo en la crónica sobre el circo comentada en el capítulo siguiente, la revalorización alegórica del espectáculo urbano: «el alegorista rastrea las ruinas de los antiguos valores integrales para permutarlos de manera nueva y sorprendente»[12].

---

[12] Traduzco el comentario de Terry Eagleton sobre Walter Benjamin en *The Ideology of the Aesthetic* (1990: 327).

En la tienda, el despliegue errático y vertiginoso de los objetos deslumbra falsamente como el de cualquier pacotilla; deslumbra a los niños callejeros, que se incorporan a su vez a una representación, literalmente un cuadro armado por el cronista con la ayuda de Piranesi, un cuadro en el cual el «soberbio establecimiento» se convierte en la cárcel fabulosa de un valor engañoso que hace que los niños «malgasten el tesoro de sus lágrimas». La representación del valor estético del objeto se deshace frente a la mirada deseosa de los niños, que jamás podrán adquirir dichos objetos. En la coda que añade Casal, el valor se recupera en la representación de la inmundicia de la calle.

Si seguimos un modelo que contraste «lo inferior / cloaca / barriada» con «lo superior / centros cívicos / mansiones», a primera vista parecería que en la crónica de Casal se opone la calle, el «inmundo subterráneo» de la cloaca y el hedor del barrio a lo «artístico» enclaustrado en la tienda[13]; en la crónica de Casal, en cambio, se apaga el fulgor de esos valores falsos frente al espectáculo doloroso de la calle. Se oponen los valores reproducidos y puestos a la venta en la tienda a otro registro del valor, a otro tipo de mirada, la mirada ávida y patética de los niños que tratan de «introducir el rostro por los barrotes», mirada que comparte el cronista, que busca a su vez un cómplice en un/a lector/a capaz de captar las ambigüedades de su situación.

En febrero y junio de 1890, siempre con el pseudónimo de Hernani, Casal publicó dos artículos publicitarios sobre la tienda *La Paleta Dorada* (1963b, 2: 58-59,142-143). La tienda se convierte en una versión del interior modernista «donde los espíritus escogidos pueden refugiarse y contemplar obras de arte, tanto de siglos pasados como de la época presente» (2: 58). En la tienda se exhiben retratos, «ejecutados por un creyonista conocido del público habanero», que se venden por «precios módicos». Casal describe los retratos en términos

---

[13] El modelo al cual me refiero es de Peter Stallybras y Allon White, «The City: the Sewer, the Gaze and the Contaminating Touch» (1986: 125-148).

de una estética casi neoclásica basada en «la armonía» y «el encanto» de una reproducción eficaz. Su propósito es despertar el narcisismo del comprador, que querrá imitar a los personajes cuyos retratos se exhiben en la tienda en una verdadera galería de estereotipos de la burguesía: «un grupo de familia conocida, compuesto del padre, la madre y trece hijos», una mujer «con el seno descubierto y ornada de joyas», «un cazador, con la escopeta al hombro», «un niño encantador en traje de marinero», «una señora respetable, envuelta en rica mantilla de encaje blanco». La locura de la actriz Mary Anderson, representada en el último retrato con «el traje desgarrado, los cabellos sueltos y los ojos extraviados», es lo suficientemente «artística» para entusiasmar, sin alterar demasiado, el consabido buen gusto de la clientela. Es evidente el desgaste y la degradación de lo estético puesto al servicio de los consumidores. Significativamente, Casal se percata del proceso e incluso en los anuncios, comienza a tomar distancia de la mercancía y de la estética de la cual esta se adueña.

En el segundo artículo sobre el almacén *La Paleta Dorada*, de nuevo los «objetos artísticos atraen nuestras miradas», pero su atractivo, apenas descrito, es convencional; se debe a su «buen gusto» y al «sello europeo» que los distinguen. Lo que llama la atención, sin embargo, es la rapidez, la «pasmosa facilidad» con que las mercancías se renuevan para «ceder el puesto a otras más recientes». Los objetos apenas salen de las cajas y ya se los disputan los compradores. En el interior, el pavor del observador es evidente: «la fantasía retrocede acobardada y el deseo vaga, como aturdida mariposa, de objeto en objeto» (1963b, 2: 142). La tienda se convierte en el simulacro del museo. Los cuadros «fingen estar en un museo» y los «divanes orientales», que producen «tan agradables sensaciones», producen también la sensación de su amontonamiento en todo el almacén. Casal se disculpa por sus «pálidos» elogios y por la falta de espacio para detenerse a describir, concluyendo abruptamente el anuncio sobre *La Paleta Dorada*. En las tiendas importa no solo la calidad sino la cantidad de los productos, fabricados tanto para satisfacer a los consumidores como para crear en ellos el deseo de obtenerlos. No hay objetos únicos sino series de objetos de diversos tipos. El encadenamiento abrumador de los objetos deseados, poco valiosos en sí, tendrá un papel central en la crónica sobre «la Derrochadora», publicada apenas una semana después del anuncio sobre *La Paleta Dorada*. Por otra parte, el valor estético se refugiará en el *museo ideal* casaliano, donde su posición no dejará de ser precaria.

4. La Derrochadora

El anuncio anónimo sobre *El Fénix* dice que la tienda había procurado «alejar el demimonde de entre nuestras compradoras» para «evitar encuentros desagradables» a las clientas; se añade que «esas palomas sin nido», ya sea una *femme entretenue* de estirpe balzaciana, o una versión criolla de la *grande cocotte* parisina, casi no entran a la tienda, aunque suelen ser «excelentes parroquianas». A pesar de la pérdida económica que esto implica, la tienda se sacrifica para poder satisfacer a «las familias honradas» y en «homenaje a su virtud». Casal transformará a una de esas «palomas sin nido» en «la Derrochadora», el personaje de una crónica publicada en una primera versión en *La Discusión*, en junio de 1890, y tres años después, el año de su muerte, en *La Habana Elegante*[14]. En la primera versión, el personaje de la elegante compradora encarna las contradicciones de carácter económico, cultural y moral que marcaron al propio Casal; mejor dicho, en la representación de la Derrochadora dichas contradicciones se proyectan sobre el cronista, cuya producción se contamina de la lógica del derroche, de su pérdida y su sin sentido, como lo indicaron las críticas de *Hojas al viento*. Las ligeras variantes de la segunda versión de la crónica demuestran que Casal reconoció el impacto de esa

---

[14] La primera version, *Discusión* 2.294 (9 de junio de 1890), aparece en 1963b, 2: 147-148; la segunda, de *La Habana Elegante* (12 de marzo, 1893), en 1963b, 1: 237-238.

proyección y quiso borrarla, devolviendo a la Derrochadora su papel de «ave sin nido», de nuevo desterrando su ambigua presencia de la tienda y transformándola en el objeto bello de la crónica, la mujer reificada del interior modernista.

El personaje de la Derrochadora incorpora, literalmente reúne en un mismo cuerpo, una alegoría de la economía del consumo y características psicológicas específicas. La mujer es víctima de una dolencia: «la fiebre del derroche». La economía del derroche y del lujo que la tienda pretende rechazar hipócritamente se representa en términos de los síntomas de la mujer, cuyas energías se agotan en pos de un objeto deseado, infinitamente canjeable. El personaje de Casal entra en el «mundo de fantasía» de la tienda, un espacio no del todo público, ni tampoco privado, donde se entrega a la compra de productos, asociada en el siglo XIX al ocio y el recreo[15]. Sin embargo, en la crónica de Casal la compra también lleva a la locura del consumo, no la satisfacción de necesidades vitales sino de un impulso de carácter explícitamente psicológico. La peregrinación de la Derrochadora se sitúa en un espacio ambiguo, ni público, ni privado, recreativo y nocivo a la vez, que es también el espacio de la crónica. Si el «mundo de fantasía» de la tienda es un lugar intermedio y ambiguo, igualmente ambigua es la sensación que producen los objetos en la Derrochadora, y en el cronista: una excitación ambivalente entre el placer y el malestar[16]. La Derrochadora y el cronista ambiguamente identificado con su dolencia prefiguran la definición del homosexual como un individuo marginado, *beset by signs*, acosado por los signos, entregado a una búsqueda frenética, *a frenzied quest* por un objeto que no satisface pero que, en cambio, garantiza un despliegue que

---

[15] Elizabeth Wilson escribe que «para satisfacer el consumo, la ciudad capitalista inventó un mundo de fantasía que no era del todo público ni del todo privado: la tienda por departamentos». Véase Wilson 1985: 144-146.

[16] Gérald Froidevaux escribe a propósito de Baudelaire que la moda provoca un deseo peculiar, una «titillation», «un trouble ambivalent situé entre le plaisir et le malaise» (1989: 88).

satisface perversamente y a la vez desgasta al sujeto en cuestión[17]. En la primera versión de la crónica, es evidente la atracción del cronista por el personaje de la Derrochadora y su situación peculiar; en la segunda versión, se borra esa identificación significativamente.

La venta en La Habana de disfraces de dominó por un peso sugiere una metáfora conocida: la crónica es también el lugar de un enmascaramiento; ahora bien, la máscara implica una otredad que a su vez asume la armonía del rostro, por diferente y grotesco que sea. Más perturbadora que la máscara es la fragmentación de lo representado en la crónica, es decir, la transformación temática del interior amueblado en una vorágine de objetos centrados sobre el vacío, sobre el hueco de un rostro sin representación posible.

La identificación ambigua y contradictoria del cronista con la Derrochadora prefigura la definición del papel del escritor que haría Casal en uno de sus *Bustos*. En Cuba el cronista es «el antípoda de su cofrade parisiense»; en París el cronista es un «literato», mientras que en Cuba debe ser un actor, casi un payaso, que se maquilla para el público del momento: «Hay que blanquearse los cabellos, si son negros, o ennegrecérselos, si son blancos; enrojecerse las mejillas, si son pálidas [...] alargarse las cejas [...]», escribe Casal, refiriéndose al escritor Bonifacio Byrne (1963b, 1: 272). Casal se queja de la labor periodística, pero sus comentarios son tanto una queja como un autorretrato mordaz del escritor en su papel público. El escritor, maquillado violentamente contra natura, es el *travesti* de la letra.

Situada al margen de las formas literarias canónicas, la crónica describe y reescribe los diversos espacios urbanos para ofrecerlos al nuevo lector/comprador, o más bien la lectora/compradora[18]. Lejos de su labor tradicional de destilador de «bellezas» y otras esencias, el cronista parece imitar el papel de *ombudsman* del comprador germánico de *El Fénix*, encargado de adaptar el producto extranjero

---

[17] Beaver 1981: 10.
[18] Véase Ramos 1989: 112-142. Sobre Casal y la crónica, véase González 1983.

al mercado local. Sin embargo, a diferencia del objeto importado y aclimatado por la tienda, la representación que ofrece la crónica no se pone al servicio de una u otra clase, ni mucho menos constituye un homenaje a la santidad de la familia proclamada en el anuncio. Al contrario, la representación en la crónica de la compradora, el «ave sin nido» desterrada de la tienda en el anuncio, contamina el espacio de la escritura con un erotismo marginal condenado al desgaste y la infertilidad.

El «croquis femenino» de Casal comienza con una descripción copiosa cuyos detalles se animan súbitamente al entrar en contacto con un elemento incongruente: el timbre eléctrico. El timbre literalmente electrifica la descripción pictórica, construida a base de una serie de alusiones a los cuadros de los prerrafaelistas, cuya obra Casal menciona en más de una ocasión[19]:

> Apenas entreabre los párpados, rodeados de violáceas aureolas, bajo el pabellón de seda roja, flordelisado de oro, que cuelga de la cabecera de su lecho imperial, donde su cuerpo oculta, entre ondas de encajes, su ligereza nerviosa, su corrección estatuaria y su blancura de rosa té; espárcese los cabellos por las espaldas, álzase las hombreras de su camisa y salta rápidamente sobre la alfombra, aplicando el dedo al botón amarfilado de próximo timbre eléctrico que produce un sonido agudo, lejano, estremecedor. (1963b, 2: 147)

La descripción, cuajada de lugares comunes modernistas, es estática; sin embargo, se añica con el corrientazo del timbre eléctrico, el preludio de los nervios alterados y de la «neurosis» del personaje. En la descripción, como más tarde en algunos de los lienzos de Klimt, el interior y el vestido de la mujer se confunden para ocultar el cuerpo, que, sin embargo, se insinúa en los pliegues y la pedrería. El salto rápido sobre la alfombra y el sonido del timbre fragmentan la

---

[19] Por ejemplo, se refiere al «poeta y pintor místico» Dante Gabriel Rossetti, «perteneciente a la escuela llamada de los prerrafaelistas» (1963b, 2: 144).

imagen visual, que inmediatamente se convierte al entrar la doncella en una escena dramática, como si de Klimt pasáramos a un grabado animado de Aubrey Beardsley.

La doncella obsequiosa transforma a la mujer en un objeto estético que a su vez centra otra serie de detalles tópicos del modernismo: «la envuelve en su bata de felpa malva», «la sumerge en la bañera de jaspe», «le frota la piel con esencias orientales», «la retiene ante la luna veneciana de su tocador, para peinarle su cabellera, ceñirle un nuevo traje y colocarle diversas joyas». En manos de la doncella, la mujer se convierte en «una de esas deidades» que asombran a cualquier paseante, es decir, en una tercera persona objetiva, señalada y mirada, que «combina interiormente el programa del día»; sin embargo, el interior de la mujer, el espacio físico y psíquico que ocupa, es reducido e insulso, apenas colmado por las visitas, las fiestas y las tarjetas que hay que escribir; es una psique desolada que hay que llenar con «los objetos que ha de comprar» (2: 148). No es el interior como el «refugio del arte», cuyo coleccionista se entrega a la imposible labor de «obliterar» el carácter consumista de las cosas (Benjamin 1978: 155). Tampoco tiene acceso la Derrochadora al saber trascendente del museo, que compensaría el interior lujoso y autotélico[20]. Al contrario, el coleccionismo de la Derrochadora degrada aún más el objeto, pero no se le condena pues es víctima de la «neurosis moderna,» de una «fiebre del derroche» que parece arrastrar también al cronista. El agente de la reificación de la mujer es la doncella, no el consabido voyeur masculino sino la representante de la voluntad de decorar, el tema central de la crónica y uno de los temas fundamentales de la obra de Casal, que la crítica no dejó de asociar a un preciosismo ajeno a valores más genuinos[21].

---

[20] Para el contraste entre el museo y el interior, véase González 1983: 33.

[21] Además de Varona u otros autores ya mencionados, Juan Ramón Jiménez, por ejemplo, en un texto suyo de 1895, sitúa a Casal en «lo mal entendido del modernismo» (1981: 32). Juan Ramón colabora en la revista finisecular *Don Quijote*, y al igual que otros autores de la generación del 98, no tolera la «super-

La crítica en torno al modernismo ha tomado ciertos contrastes, artificial-genuino por ejemplo, ventilados en los textos modernistas de manera plurivalente y polifónica para convertirlos en categorías dualistas que han servido para juzgar a ciertos autores o parte de su obra. A finales del XIX, la crítica comenzó a alejarse del periodismo y a institucionalizarse en la universidad, heredera del saber positivista, un saber científico donde lo decorativo no podía aspirar a la categoría de lo genuino, ni lo «enfermizo» a la de lo sano. El detalle decorativo, el lujo del significante, se asocian a lo superfluo, lo perverso y lo infecundo, categorías definidas por su oposición al buen estilo académico, aliado no solo al destierro del cuerpo sino también a su desnudez[22]. En la estética casi neoclásica de Varona y en la metáfora de la desnudez de las vanguardias del siglo XX, el cuerpo desnudo y su comportamiento erótico ortodoxo se oponen a la excesiva ornamentación del cuerpo, «recamado» de significantes superfluos que sin embargo representan el peso erótico de la tela, la joya o el tatuaje.

Al menos en la primera crónica sobre la Derrochadora, Casal no rechaza la perversidad del detalle, más bien la utiliza en la representación del objeto que deslumbra antes de arruinarse. En la crónica, la perversidad del objeto decorativo contamina el cuerpo de la Derrochadora, ojerosa, fatigada, casi demente. Los objetos decorativos que adquiere se agotan y finalmente giran sobre el vacío. Sin embargo, no se trata de la condena de lo decorativo e inútil del positivismo crítico. En el girar de los objetos se insinúa la identificación subjetiva del cronista con «la dolencia» de la Derrochadora, una identificación que transforma la reificación tópica del personaje femenino en un gesto de complicidad, que a su vez atrae al lector. El hastío de la Derrochadora se manifiesta en «esta fiebre del derroche», que la

---

ficialidad y decadencia del modernismo». Otro colaborador, Menéndez y Pelayo, ataca a los Estados Unidos porque «"los perversos" no podrían separar nunca Cuba y España» (en Zavala 1974: 12).

[22] La crítica tradicional es «incorpórea», escribe Paul Julian Smith, mientras que su propio enfoque es «corporal» (1989: 2).

arrastra como «algo semejante a un vértigo», que la obliga a comprar objetos sin importarle su valor, sustituyendo los nuevos por los viejos, prefiriendo unos, desechando otros, hasta que la pieza decorada tome nuevo aspecto, siquiera sea por algunas horas, puesto que al día siguiente ha de recomenzar la misma «peregrinación», como si se tratara de una religión del consumo, de un rito obligatorio y devastador (1963b, 2: 148).

Hipnotizada por «el fulgor profano» de la mercancía, en la frase de Benjamin (1973: 105), o por «el brillo tentador» de las cosas, en la de Cintio Vitier (1970: 312), a la muchacha no le importa el valor del objeto deseado[23]. No «se detiene a examinar el mérito de las cosas», pero permite que recobren su valor cuando las dispone en su estancia, ya se trate de «un brazalete regio» o de «un abanico ínfimo, propio de una sirvienta». El cronista parece condenarla porque no ve «el espectro de la miseria [...] el de la vejez [...] y el de la muerte en un hospital» (1963b, 2: 148), pero también sugiere que no deja de compartir su hastío y la «incredulidad en la mirada de sus ojos».

La substitución frenética que anima «la peregrinación» de la Derrochadora duplica los mecanismos de una escritura que se acerca a la pacotilla canjeable, un tareco más de *La Paleta Dorada*, una figura china o una moldura de cartón de piedra. Si el consejo de Keats citado por Varona es *never to write for the sake of writing* –jamás escribir por escribir, o por amor a la escritura–, de la «dolencia» de la Derrochadora podría decirse que es *buying for the sake of buying*, comprar por comprar. La conocida ecuación entre escritura y comercio es evidente; pero más importante es reconocer el denominador común de la compra y la escritura inútiles: el deseo jamás satisfecho, finalmente «malsano» o «neurótico», de otro objeto o de otra palabra, un deseo que marca al sujeto en cuestión, que la/lo constituye como tal.

---

[23] Ambos aluden al «lustre abondant» que transforma las cosas viejas en «Le monstre» de Baudelaire: «Des choses qui sont très-usées, / Mais qui séduisent cependant» [Cosas muy usadas, / Que sin embargo seducen] (1961: 147).

Según Casal, la ciencia reconoce «uno de los síntomas de la locura» en «esta fiebre del derroche». Si de síntomas se trata, se podría también reconocer en la peregrinación consumidora de la Derrochadora un modelo de la producción literaria como tarea de substitución y derroche en torno a un vacío, la miseria, la vejez, «la muerte en un hospital», y a un secreto de carácter erótico que no se puede nombrar, que más bien exige la urdimbre espesa de múltiples cifras. Es la escritura como el remedo deliberadamente grotesco de una economía donde el canje y la substitución escamotean la fuga del valor; sin embargo, si dicha economía lleva a la ruina, una etapa inevitable y recurrente de su ciclo, la escritura que la remeda solo representa la ruina y esa representación es también su catarsis. Al final de la crónica, la vejez, la enfermedad, la soledad y la muerte en un hospital contaminan el catálogo de objetos reunidos por la Derrochadora. No se trata finalmente del valor de un objeto aislado, o de un tema literario como el de la «pasión contrariada». A diferencia de su valor en los anaqueles de la tienda, el objeto estético cobra valor, por fugaz que sea, en manos de la Derrochadora; análogamente, a diferencia de su valor en los anaqueles de la historia literaria, el objeto cobra valor, casi siempre fugaz, en manos del cronista. Además, la incapacidad de decir el secreto erótico no equivale a su destierro; al contrario, el sector indecible, no representable, del deseo provoca la peregrinación de la compra y de la escritura:

> ¿Será tal vez la causa de su prodigalidad, el deseo que experimenta de distraer el pesar de alguna pasión contrariada, de ésas que a nadie se revelan, de esas que nadie adivina pero que se llevan siempre como un peso enorme, en lo más recóndito del corazón? Quizás. Pero cuando se habla delante de ella de los goces supremos del amor hay tal ironía en la sonrisa aprobatoria de sus labios y tal incredulidad en la mirada de sus ojos que parece decir: ¡Infelices! ¿Todavía creéis en eso? (1963b, 2: 148)

La pregunta es retórica y la respuesta es ambigua. La conclusión que ofrece el cronista, apoyada en la ironía de la sonrisa y en la incredulidad de la mirada, abre el espacio del secreto sin mencionarlo. Lejos de clausurar el tema, lo complica deliberadamente. La pregunta final está francamente dirigida al lector/a, a quien se invita a compartir «el peso enorme», «como gotas de plomo» dice en la segunda versión, de ese secreto, que tiene que ver tanto con «los goces supremos del amor» como con su carencia.

En la segunda versión de la crónica sobre la Derrochadora desaparece la ambigüedad sobre el personaje y sobre el valor de los objetos que escoge. En la nueva versión las «noches de insomnio» de la mujer, e implícitamente de cualquier individuo sensible, se transforman en «las noches de placer» de una de las «palomas sin nido» alejadas de la gran tienda. «Es la gran descontentadiza», añade el cronista en la segunda versión. En la primera versión el personaje y el cronista parecen compartir el café matutino en la ambigüedad del pronombre: «Sólo se reanima al tomar el café». En la segunda versión, se añade el verbo *parece*, que marca la distancia entre el cronista y el personaje, transformado ahora en la no-persona benvenistiana: «Sólo parece que se anima al tomar el café». En la segunda versión, se borra la ambigüedad sobre el valor de los objetos y se hace hincapié en una falta de valor que se debe al «mal gusto» de la Derrochadora, implícitamente aliado a su posición marginal de «ave sin nido», de vendedora marginal de goces eróticos. El «abanico ínfimo, propio de una sirvienta» de la primera versión, un objeto de poco valor material pero que puede tener cierto encanto, se describe detalladamente, transformándose en un objeto cuyo escaso valor es inequívoco: «un abanico ínfimo, con paisaje grotesco, todo hecho con tintas de relumbrón». La nueva serie de objetos ha sido reescrita y los objetos inconexos representan la fuga del valor, una fuga que quiere borrar la ambigüedad de la primera versión. Finalmente, la mujer también se convierte en objeto, en la mujer reificada del modernismo, el cadáver del significado, literalmente enterrado bajo un aluvión de cosas que no significan nada, o cuyo significado, cuyo valor, es relativo y finalmente desechable. La mujer no «se detiene a examinar el mérito de las cosas» y su comportamiento se convierte en una especie de locura que «le obscurece la razón». En la segunda versión, la razón perturbada del personaje respalda la autoridad del cronista, que de esta manera afirma que él sí sabe distinguir el valor de los objetos. La «incredulidad» cómplice de la mirada en la primera versión se convierte en la «lástima en la mirada de sus ojos» de la segunda. El sentimentalismo de la segunda versión quiere borrar la complicidad y la identificación de la primera, pero no lo logra del todo. En ambas versiones se solicita la opinión y la participación de los lectores/as, «infelices» si «todavía creen en eso» en la primera versión; «desdichados» por la misma razón en la segunda.

El derroche de objetos, y de significantes vacíos, como lo señalaron los reseñistas de la obra de Casal, es una «dolencia» inevitable en una «paloma sin nido» como la Derrochadora y en una literatura de signo decadente, carente de «savia ideológica». El poder económico representado por los dueños de *El Fénix*, y la cultura que aspiraba a la hegemonía, representada por los críticos de Casal, forman alianza para condenar el derroche, tanto en las compras frenéticas de una *demimondaine* como en la literatura. Las correcciones de Casal son sintomáticas del reconocimiento de esa condena y de la necesidad de marcar la frontera entre la voz del cronista y su personaje.

En la primera versión, la identidad entre la situación de la Derrochadora y la del cronista depende del cuerpo. Ambos, el personaje y el cronista, parecen compartir el café matutino, ambos padecen el mismo malestar, «la fiebre del derroche». En la segunda versión, se señala el cuerpo de la mujer y surge la voz autoritaria del cronista, que se alza sobre la ruina inminente del cuerpo ajeno, en la vejez, la enfermedad, en la marginalidad y la peligrosidad de su erotismo, en su «neurosis». Sin embargo, el cronista no deja de aludir a la ruina de su propio cuerpo, tanto en la vejez y la enfermedad como en la marginalidad y la peligrosidad de su erotismo[24]. Con un gesto

---

[24] «La oscilación del sentido entre el uso del cuerpo y de la voz» (Ludmer 1988: 29) es un tópico de la crítica latinoamericana contemporánea. Sobre la voz

de misoginia convencional, Casal sustituye la «incredulidad en la mirada» de la Derrochadora por la «lástima en la mirada de sus ojos», pasando de la identificación casi especular al sentimentalismo; sin embargo, en el final de ambas versiones, una ironía casi burlona alude a la identificación original entre la Derrochadora y el cronista. Como en una protoficción, la mirada de la Derrochadora y la del cronista se funden. «La locura» de la primera versión se transforma en «la neurosis moderna» de la segunda, una neurosis, «la fiebre del derroche» que el cronista parece compartir con el personaje cuando pregunta retóricamente «¿quién está libre de esta última dolencia?» (1963b, 2: 148). Finalmente los objetos giran en torno a la vejez y la muerte, sin que lo uno clausure lo otro. Los objetos inútiles y la escritura que los representa se acoplan en la imagen central de la crónica: la apoteosis y la ruina de lo visual en la trivialidad y la gloria de una escritura cuyo residuo indecible es el cuerpo insistente y opaco, el cuerpo que es necesario marcar si ha de transformarse en «símbolo viviente», como los acróbatas voladores del circo en el próximo capítulo.

---

literaria, véase también González Echevarría 1985.

IV.
EN EL CIRCO: SÍMBOLOS VIVIENTES

En el ensayo de Lezama, Casal es «el único paseante de la ciudad abandonada», «abandonada» porque solo él supo leerla y solo él pudo escribirla, desde la fiesta insulsa de los señorones hasta el horror del matadero, pasando por la tienda, por el café y por el circo. Entre los lugares que visitó Casal para llenar las cuartillas de sus crónicas semanales, el circo fue una parada especialmente fecunda. Durante la visita al circo, el cronista parece aturdido por el asalto sensorial del espectáculo y de la muchedumbre que lo contempla. La degradación estética y social del circo, sin embargo, no lo lleva al silencio. Al contrario, a la descripción del mismo se superpone el cuerpo reconfigurado del cronista. En la crónica de Casal, el contraste evidente entre la bajeza del circo y la altura de la visión estética se deshace porque dicho contraste es de carácter intelectual y la escritura de Casal conduce a otras zonas de la percepción y a otra reprentación del cuerpo y sus sentidos.

1. Marginación / recuperación

La difusión de los contrarios «alto» y «bajo», o «exaltado» y «degradado», en la crítica contemporánea es tan amplia y generalizada que el comentario más reducido sobre sus diversas ramificaciones requeriría una digresión inoportuna[1]. El contraste provoca una serie de contrarios útiles para cualquier relectura del canon literario latinoame-

---

[1] Véase sobre todo la introducción (1986: 1-26) al estudio de Peter Stallybras y Allon White, que se apoya en gran medida en los estudios de Bajtín.

ricano: lo culto y lo popular, lo sublime y lo grosero, lo hegemónico y lo marginal. Este último par es útil para reconsiderar a Casal y su obra, puesto que ambos han sido objetos de un complejo proceso de marginación y recuperación.

En 1888 Casal publicó bajo el pseudónimo del «Conde de Camors» una célebre crónica en *La Habana Elegante* donde ataca la política del capitán general de la isla, burlándose incluso de su familia. Las autoridades coloniales intentaron secuestrar la tirada de la revista, pero cuando llegaron a la redacción solo quedaba un ejemplar de archivo. El resto de la tirada ya se había vendido. Casal fue llevado ante juez, resultó absuelto, pero fue despedido de su puesto en la Hacienda. Como es de suponer, dice Emilio de Armas en su biografía de Casal, el incidente provocó una agitada polémica en la prensa habanera.

Casal pierde el sueldo de Hacienda, pero encuentra el apoyo de sus colegas separatistas y liberales, especialmente los jóvenes de la redacción de *La Habana Elegante*, donde sigue publicando sus artículos sobre «La sociedad de La Habana». Retirado de su puesto por las autoridades coloniales, condenado por los conservadores integristas, el cronista menor, perdido detrás del pseudónimo de turno, se convierte en «una personalidad de renombre cuando el poeta aún no había dado a conocer plenamente su voz», concluye de Armas (1981: 75). Cesante, señalado por las autoridades coloniales, Casal enfrenta una situación económica difícil, pero como escritor, la marginación no deja de tener ventajas. El «Conde de Camors» se convierte en «Casal», el joven escritor que osó burlarse del capitán general de la colonia. Sin embargo, su enfermedad y su erotismo provocarían otro tipo de marginación, cuya recuperación es mucho más compleja y dilatada. Para citar del libro de Stallybrass y White, «las transgresiones y el intento de controlarlas regresan obsesivamente a los símbolos somáticos, puesto que estos son los elementos fundamentales de toda clasificación social» (1986: 26). La recuperación social y política del cronista Casal en el círculo de intelectuales liberales y separatistas no se reproduce cuando se trata de las transgresiones del cuerpo en la enfermedad y el erotismo.

Después del ataque al capitán general Casal asume su nombre, pero para asumir su cuerpo, para representar sus transgresiones, debe tomar otra ruta, única hasta ese momento en las letras cubanas, y en mi opinión, en las hispanoamericanas. Casal se dirige inexorablemente al símbolo somático, el suyo y el ajeno, el origen de su exclusión y de su liberación. En el circo, un lugar inicialmente rechazado por la bajeza de su espectáculo, el cronista transforma el cuerpo volador del acróbata en «símbolo viviente» y finalmente reconoce una imagen propia en el rostro maquillado del payaso, una imagen caleidoscópica y contradictoria.

«El circo» de Casal se publicó en *El País* el 21 de diciembre de 1890 (en 1963b, 3: 56-59). En una crónica sobre el circo, escrita unos cuatro años después de la de Casal, Gutiérrez Nájera se refiere a «la *Ilíada* y la *Odisea* de los acróbatas, la literatura moderna de los circos» y añade «La afición a lo maravilloso y no a lo natural nos lleva al circo». El circo complace «a los erotómanos, a los extrañamente voluptuosos, a los descreídos místicos modernos», es decir, complace al escritor moderno según la definición del mismo Casal: «un neurótico sublime» (1963b, 1: 278). A pesar de que para Gutiérrez Nájera, «esos cuerpos son retratos de mi alma en diversas posturas», su crónica incluye una escala de valores ajena al circo de Casal, pero significativamente no ajena a las lecturas que se hicieron de su obra y su persona. En la crónica de Gutiérrez Nájera (1974: 167-169) los «raros» que van al circo son «sujetos femeninos» y «los desequilibrados son hermanos de los equilibristas». A pesar de su simpatía por el tema, y de la gracia con que lo presenta, Gutiérrez Nájera conserva las distancias entre su punto de vista de observador y cronista y «los desequilibrados» del circo. En Casal las distancias son otras.

En el circo, el cronista Casal se sitúa en uno de «los sitios públicos» que odia pero que no rechaza sino que transforma a través de la mirada, representada en una escritura sospechosa de la pirotecnia del estilo. En la crónica sobre el circo no se rechaza el lugar público para refugiarse en la alcoba modernista. Al contrario, el lugar público se transforma con la presencia del observador, que tolera el polvo y el ruido de la muchedumbre a partir del momento en que decide hacer del espectáculo un «remedio» parcial. Si las representaciones teatrales hastían con su imitación repetitiva, el espectáculo en el circo ni imita ni se repite, y a semejante singularidad aspira también la escritura del cronista. El deseo de una escritura nueva y la conciencia de las dificultades que auspician su llegada caracterizan el modernismo de Casal tanto como el tema del interior y sus correlatos, el gusto por el objeto precioso, el artificio, la morbosidad, la decadencia o la misantropía, lugares comunes de la crítica. El deseo de esa escritura nueva es también el deseo de una relación diferente con el público lector y el rechazo de la representación, es decir, de la repetición de una retórica «artística», tan llamativa y tan al día como los objetos recién importados por cualquier tienda habanera.

Casal escribe que no puede «contemplar, sin sentirme enfermo, muchos grupos de seres reunidos» (1963b, 3: 56); sin embargo, el oficio de periodista le impone la obligación no solo de contemplar la muchedumbre sino de entrar en sus rangos. En el público del circo, el cronista «encontraba cierto atractivo indefinible». Ese «atractivo» a su vez provoca un nuevo gesto de distanciamiento característico de Casal. El observador, que mira los cuerpos ajenos, parece mirar su propio cuerpo, asediado por una marejada de impresiones sensorias, como si por los poros le entrara una vitalidad terrible que lo marca y lo altera. El cuerpo representado en la obra de Casal alucinó a Lezama, que cita de «Tardes de lluvia»: «Siento sumido en mortal calma, / vagos dolores en los músculos». En el poema surgen «voces» y «miradas» y finalmente el cuerpo adolorido. Según Octavio Paz, en los prerrománticos el cuerpo comienza a hablar (1989: 56). En los modernistas la voz del cuerpo se transforma en cifra legible sobre la superficie escrita. En Casal la transformación es dramática porque la representación del malestar y la decadencia del cuerpo propio agrietan el esteticismo temático para reclamar otra estética, otra forma de representar las sensaciones del cuerpo. La transformación del cuerpo en representación escrita es el tema central de la crónica sobre el circo. Si el cuerpo es la imagen original, orgánica y totalizadora, su presencia, como el baile de Salomé en los sonetos de *Mi museo ideal*, es fugaz y su transformación en «símbolo viviente» es inexorable.

Casal escribió sus «Crónicas semanales» y luego «Conversaciones dominicales» para el diario habanero *El País* desde octubre de 1890 hasta febrero de 1891. Si en *La Habana Elegante* pudo tratar temas más de su gusto, en *El País*, la labor de cronista de las fiestas, salones y «cosas propias del folletín» acabó por agobiarlo. Su público se transformó en el monstruo devorador de la carne del escritor. Casal compara la tarea del cronista con la «del domador que se ve obligado a echar todos los días, en la jaula de sus leones, los pedazos más frescos de carne, para tenerlos satisfechos e impedir que lo devoren» (1963b, 2: 20). Si el cronista debe proteger su cuerpo sin dejar de satisfacer la voracidad del público, también debe ofrecerle algún «remedio», por pasajero que sea. Casal utiliza metáforas médicas cuando se refiere a la aplicación del citado remedio al público lector: «inocular», «inyectarles una dosis de fastidio». Si la ciencia moderna ha logrado «muchos descubrimientos para combatir las enfermedades corporales», el escritor debe al menos aliviar la dolencia de «esta aldea grande», el hastío, un mal, como el cáncer, para el cual «no hay remedio radical», escribe Casal[2].

El cronista recomienda a sus lectores la visita al circo de Pubillones, que como «el opio, el haschich, la morfina», sería un paliativo fugaz para el hastío. Sin embargo, la crónica no solo representa el espectáculo del circo sino también la mirada que distorsiona lo que representa, la mirada de un sujeto que desborda el interior, el taller solitario donde se burila el fetiche modernista, el poema o la crónica

---

[2] Sobre «la *grippe*» en la crónica de Casal (1963b, 3: 16-20), véase González 1983.

cuyo destinatario es la mujer elegante, tan ávida de objetos artísticos como la Derrochadora del capítulo anterior. El cronista no puede rechazar el comercio que le impone la crónica: amueblar por un precio módico la psique desolada y ávida de objetos compensatorios de la capital moderna. La avidez de los lectores, los leones que devoran la carne del domador en la metáfora de Casal, evidentemente se refleja en la furia hambrienta de la muchedumbre urbana que se lanza sobre el circo para satisfacer su deseo de espectáculo. En el circo, el cronista es testigo y objeto de esa furia. Su presencia marca la frontera entre la gran cultura y la incipiente cultura popular, entre la literatura y el espectáculo. Aplastado por la muchedumbre, el cronista representa y se representa en un espacio angosto y reducido, el lugar provisorio de su subjetividad. Sin ese segundo grado de la representación, puede haber noticia pero no hay crónica. Casal reconoció la voracidad del género, que acelaraba su decadencia física y minaba sus reservas espirituales, y finalmente lo abandonó. Sin embargo, mientras lo practica se entrega a su comercio letal como el domador frente a los leones de su metáfora. Lo que se doma en la crónica es la imagen enmarcada y representada en la pista circense.

La llegada al circo produce en el cronista un «profundo malestar», igual que la visita a cualquier sitio donde se amontona la gente: las iglesias, los teatros, las noches de estreno, los salones. En medio de la muchedumbre que rodea la pista, el escritor quisiera situarse en «el teatro especial» de Luis II de Baviera, el espectador solitario que escuchaba las óperas de Wagner desde su palco obscuro para que nada interrumpiera el espectáculo. Además, el célebre rey bávaro es uno de los anormales en la taxonomía de Max Nordau (1895: 452). La transformación que Casal impone al espectáculo circense es aún más radical. Puesto que no puede darse el lujo de mirarlo desde un palco aislado, debe percibirlo transformado a través de los otros sentidos.

El circo que visita Casal está iluminado por «globos de luz eléctrica, colgados entre las columnas rojas», pero procura «no mirarlos jamás» para no deshacer su «ilusión». La ilusión que debe armar para poder soportar el ambiente, la misma que ofrece al público lector, deja de ser una «percepción falsa», la definición de la ilusión, para convertirse en una imagen compuesta de impresiones sensorias no visuales, la imagen de un Oriente hecho de citas, superpuesto como un filtro sobre la realidad pobretona del circo de Pubillones. Según Edward Said, Chateaubriand se enfrentó al Oriente «as a constructed *figure*, not as a true self» –como una *figura* construida, no como un yo verdadero–. De la misma manera, la «figura construida» de Casal superpone el tópico consagrado del Oriente a la realidad insular, creando un simulacro intertextual que a la vez arma y aniquila la imagen de lo propio, del sujeto o del *self* (Said 1978: 171). En el circo, el cronista fragmenta la representación de lo visual para armar su «ilusión» orientalista:

> Y era que creía hallarme, más bien que en un sitio público de esta capital, en el interior de una tienda plantada en medio de una llanura de Orán [...] Las nubes de polvo que levantaban del redondel; el sonido de una música salvaje que llegaba del exterior; los rostros de los negros acurrucados en las gradas; las patadas de los caballos en las cuadras; el calor que emanaba de aquella aglomeración de gentes; y los rugidos de las fieras encerradas en sus jaulas de hierro, contribuían, en cambio, al desarrollo de mi ilusión. (1963b, 3: 52)

Todo lo que irrita al cuerpo hipersensible se transforma en una escena fantástica, menos mirada que intuida por todos los sentidos en una especie de sinestesia *sui generis*. El «teatro especial» de Casal no es el palco aislado del rey de Baviera; es el cuerpo que percibe las sensaciones y las transforma y las entrega a un público impaciente y voraz. La transformación de la realidad del circo en imagen estética, centrada en el sujeto que la percibe, es la única representación verídica y justa, imposible de lograr a través de la descripción convencional. En la crónica de Casal, el circo aparece como en una litografía criolla que apela tanto al sentido visual, la luz de las bujías eléctricas tamizada por la polvareda, como a los otros sentidos, que perciben el calor de la gente aglomerada, el sonido de las patadas de los caballos y de una «música salvaje». La imagen del circo tropical se logra en el «teatro especial» del cronista, donde no se admite la mera representación. El «teatro especial» del cronista, su cuerpo y sus sentidos, enmarca el espectáculo de donde sale el escritor «con la convicción de que allí se distrae más el espíritu y se aprende mucho más que asistiendo a la representación de muchas obras que se ponen en escena en los teatros de esta capital» (1963b, 3: 57). La representación impresionista y subjetiva de la crónica fácilmente supera el realismo del teatro de la época porque lo que se pone en escena no es solo la realidad del circo sino también la representación de los sentidos del cuerpo que lo visita.

Los cuerpos del circo, acróbatas y saltimbanquis, entran en la pista como si su papel fuera sostener los fragmentos del cuerpo devorado del cronista. En los gestos de los acróbatas japoneses Casal descubre una nueva gramática, un lenguaje de movimientos y correspondencias que se opone explícitamente a la representación de las emociones en el teatro, cuyas funciones Casal reseñaba, como reseñaba novelas y cotillones, «con más paciencia que Job».

En el teatro popular que pasaba en gira por la isla, ya operaba el prototipo psicológico que haría escuela en el siglo xx. Al actor debe moverlo una causa oculta, la célebre «motivación» del «método» del siglo xx. El actor presta su voz y su cuerpo a las palabras del dramaturgo, animándolas con su propia emoción, cuyo origen es psíquico, es decir, natural. La emoción tiene su origen en la naturaleza del actor y se representa a través de gestos corporales también naturales o naturalizados, acoplados a la situación dramática. En cambio, el acróbata no representa la emoción sino las posibilidades y los límites de su propio cuerpo. El acróbata, escribe Casal, es «símbolo viviente» en una lucha «contra las leyes de la naturaleza». La mención de la lucha «contra la naturaleza» conduce hacia el conocido lugar común de la crítica sobre Casal y el modernismo, la oposición dialéctica entre el arte y la naturaleza, con el consabido rechazo de ésta. Como cualquier modelo de lectura, el contraste es útil y a la vez reductor.

Si la obra de Casal sin duda participa de la dialéctica moderna entre arte y naturaleza, su versión en la práctica literaria es más impura y más compleja que una mera propuesta silogística. En el siglo XX, el rechazo en el teatro de Brecht del psicologismo naturalista se enfrentó al realismo social defendido por Lukács[3]. Entre los modernistas, la oposición de contrarios es menos dialéctica; es fructífera y generadora, como lo fue en el alto romanticismo. Junto al valor del interior modernista como metáfora psíquica coexiste, al menos en Casal, el rechazo de la imitación naturalista de las emociones y la apreciación del cuerpo transformado en «símbolo viviente».

2. «Las huellas de la propia personalidad»

El dualismo es un tópico recurrente en la crítica sobre Casal, respaldado, por ejemplo, por la dramática pugna de contrarios en «Blanco y negro» de *Nieve* y «Cuerpo y alma» de *Rimas*, cuyo «maniqueísmo» característico, según Vitier, tal vez tenga una de sus fuentes en la lírica provenzal del siglo XII[4]. Sin embargo, habría que leer no solo la presencia indiscutible del *motif* dualista en la obra de Casal sino la ruina catastrófica del dualismo, tanto del dualismo temático de los poemas como del dualismo ontológico entre sujeto y objeto.

La insistencia del cuerpo en la obra de Casal socava la dicotomía nítida, de origen kantiano, entre sujeto y objeto. La fuente del esteticismo de Casal es menos Kant que Schopenhauer, el filósofo del cuerpo, cuya obra, o al menos parte de ella, Casal conocía. En un artículo sobre Guy de Maupassant, cuyo epígrafe es «Pas de critique! rien que des sensations» (¡Nada de crítica! Sólo sensaciones), Casal escribe: «tendrá extravagancias sublimes a lo Arturo Schopenhauer, pero nunca insipideces matemáticas a lo Heriberto Spencer» (1963b, 1: 208-209). Casal reconoce en el cuerpo y sus sensaciones el origen

---

[3] Véase Brecht 1980.
[4] Vitier 1971: 303-306. Véase también Schulman 1966 y 1976a; y Pearsall 1979.

y la ruina de toda aspiración humana, el *locus* de la razón y de la corrupción de la carne. En Schopenhauer, la identidad subjetiva del ser humano es una ficción que conduce al célebre pesimismo o a la compasión del místico. Por esa ruta andaba Casal: el reconocimiento de la ruina de lo bello del idealismo burgués a lo Varona y la redefinición de lo estético como redención única y ambigua, es decir, el reconocimeinto de lo estético como la zona privilegiada de la representación del cuerpo erótico[5].

El contraste entre el arte y la naturaleza en la crónica de Casal no implica simplemente el rechazo de la naturaleza y la apoteosis del artificio. Los acróbatas japoneses desafían la ley natural de la gravedad, pero en ningún momento la desdicen, ni mucho menos la niegan, lo cual sería evidentemente absurdo. La hazaña de los acróbatas no es rechazar la ley natural sino trazar, literalmente por encima de ella, los jeroglíficos de una escritura nueva, una coreografía hecha con sus cuerpos voladores simbólicos. El acróbata, como los otros artistas en la obra de Casal, es el huérfano que se subleva contra una madrastra monstruosa; es «Prometeo [...] y todos los rebeldes famosos», escribe Casal. Los «titánicos esfuerzos» del acróbata japonés lo igualan a «los genios del pincel, de la pluma y del buril». Debe «descoyuntarse los miembros, equilibrarse en el aire», como si en el espacio oriental abierto por el escritor escribiera los signos de un lenguaje propio de puros significantes que, sin embargo, son traducibles en la escritura del cronista.

Si los acróbatas presentan algo novedoso, los actores y los cantantes, al menos los que pasaban por la isla, encarnan la representación convencional, una representación repetida tediosamente noche tras noche. Casal escribe que odia a los actores, como odia «todo aquello en que predomina la obra de la naturaleza y en que apenas se reconocen las huellas del estudio, de la paciencia y de la propia personalidad». De nuevo, no se rechaza la naturaleza; se rechaza una

---

[5] Sobre Schopenhauer, véase Magee 1987: 105-118 y Eagleton 1990: 153-172.

imitación de la naturaleza que pretende ser natural, que no despliega «las huellas» humanas de la aplicación y el artificio, cualidades que definen tanto los movimientos del acróbata como la escritura del sujeto que los admira y que prefiere la escritura única del cuerpo volador a la repetición mecánica del teatro.

Casal hace hincapié en el contraste entre la imitación del actor y el artificio del acróbata y añade: «Cualquier pájaro vale para mí tanto como un tenor». El pájaro, sinécdoque de la naturaleza, no puede «expresar sus ideas»; carece de «un lenguaje comprensivo para nosotros», y por lo tanto deleita con su canto natural sin comunicar nada. El pájaro es la antítesis del actor que pretende comunicarlo todo con sus ademanes y la entonación de la voz, «toda la cocina de la emoción», para citar la expresión de Roland Barthes (1970: 69). Cuando no agradan al público, «los autómatas teatrales» de Casal se exponen a los silbidos o a «una granizada de patatas», añade con humor, evocando el bochinche del teatro habanero finisecular. En cambio, los acróbatas se exponen a la muerte, que sería el triunfo de la ley natural de la gravedad sobre la audacia de sus maromas aéreas.

Cuando el actor pretende imitar las emociones humanas, el resultado es casi grotesco y hasta el público menos entendido lo reconoce, pero el cuerpo descoyuntado del acróbata despliega los rasgos de la actividad humana que Casal aprecia, el triunfo sobre las leyes de la naturaleza gracias al estudio y el esfuerzo. Casal admira al acróbata, como admira al pintor, el escritor o el escultor, porque su *performance* revela la disciplina del cuerpo que ha adquirido destreza a través del esfuerzo y la aplicación, porque no representa una gama de emociones dramáticas sino «las huellas [...] de la propia personalidad». Son las huellas de su «propia personalidad» las que se inscriben en la obra de Casal, convirtiendo la lectura en la revelación, en el sentido fotográfico de la palabra, de una imagen dispersa, de fragmentos que se reconstituyen en el cuerpo legible de la escritura.

Los rasgos de esa personalidad irritaron a los lectores contemporáneos de Casal. Los sucesos locales que Casal reseña no pueden ser más convencionales. Cumple con su deber de cronista social de fiestas, veladas y velorios, la misma tarea que en el siglo XX sería reemplazada por las fotografías de la «crónica social». Casal reconoce que la crónica comienza a requerir lo que, en una reseña sobre las memorias de una cortesana inglesa, llamó con desdén «la "escritura artística", la cual consiste casi toda en hermosas pero inútiles descripciones» (1963b, 3: 74). La ruptura de Casal con el público lector de las crónicas y su búsqueda de otro público tienen menos que ver con la misantropía que con un rechazo de esa «escritura artística» asociada al modernismo, o más bien a la versión ya popularizada del gusto modernista, institucionalizado entre la gente elegante y los consumidores de la elegancia ajena. En todo caso, se trata de un «buen gusto», y de la buena escritura que lo representa, cuestionados y finalmente superados por Casal. En el circo, la presencia de la «propia personalidad» del cronista, la marginación y el privilegio de su situación anómala, transforman la pista circense en el lugar de la fragmentación y la fantasía, un sitio ajeno a la reproducción de una retórica obediente a las expectativas de su público.

En una carta a su amigo Esteban Borrero, Casal explica que abandona su puesto en *El País* «porque los suscriptores se quejaban de que nunca me ocupaba de fiestas, salones, teatros y cosas propias del folletín» (1963b, 3: 85). Sin embargo, Casal sí se ocupó de esos temas, pero los rasgos de su personalidad, «mi sombrío estado de ánimo» y la presencia constante de su mirada transforman la crónica en «una inyección de fastidio» aplicada semanalmente al lector. En la «Crónica Semanal» de *El País*, 7 de diciembre de 1890, la descripción de «los objetos necesarios para una gran fiesta», «expresamente traídos de París», se convierte en «el trabajo enojoso de señalar el modernismo, la delicadeza y hasta el valor artístico de cada uno de ellos» (1963b, 3: 47). En 1890, dos años después de la publicación del *Azul* de Darío, Casal considera que «señalar el modernismo» de un objeto es «trabajo enojoso». Hace una descripción de puro cumplido de la anfitriona, la Condesa de Fernandina, pero admite que no tiene ánimo para mencionar ni uno de los «objetos necesarios» al «modernismo» del interior. Los jarrones, los tapices y las chinerías de la Condesa son los mismos «objetos artísticos» de las tiendas y producen en el cronista la misma sensación de vértigo y repugnancia. Igual que los objetos que circulan vertiginosamente en torno a la Derrochadora, los cuerpos voladores de los acróbatas también se despliegan sobre el vacío. En ambos casos, el cronista da sentido al vértigo y espera al borde de la pista, o del cotillón de la Condesa, su hora fugaz en el escenario.

Si las enfermedades modernas, como el cáncer y el hastío, no tienen «remedio radical», las drogas que menciona Casal al comienzo de la crónica sobre el circo ofrecen una cura pasajera. En el «teatro especial» de Casal, las maromas de los acróbatas se ofrecen como remedio parcial para un público lector ávido de descripciones vistosas, de esos «objetos necesarios» traídos de París para adornar el cotillón de la condesa. Casal comprendió que se trataba de un público poco dispuesto a aceptar las «inyecciones» curativas ofrecidas por un escritor que rechaza la retórica de la descripción por ineficaz y «enojosa», que cierra los ojos porque no encuentra palabras que correspondan a los colores de los trajes: «Desafío al ojo pictórico más experto a que me reconozca los matices de cada una de las túnicas que envuelven los cuerpos de los primeros acróbatas mencionados» (1963b, 3: 58).

Tanto la representación en el teatro convencional como la descripción en la «escritura artística» que Casal rechaza son mecánicas y repetitivas, como lo son los «objetos artísticos» que compra La Derrochadora, reproducciones por gruesa abarrotadas en los anaqueles de las tiendas. En cambio, el efecto de la visita al circo, y de la crónica que la representa, es único porque depende de las sensaciones de un cuerpo único, casi asfixiado por la muchedumbre pero finalmente capaz, gracias a la imaginación voluntariosa, de transformar la asfixia en visión. Escribe Casal: «No hay espectáculo, por extraño que sea, que produzca dos veces la misma impresión» –ni texto que produzca dos veces la misma lectura, ni cuerpo que produzca dos veces el mismo dolor ni el mismo placer.

Casal renunció a su puesto en *El País* en marzo de 1891. Comienza a trabajar anónimamente como cronista de sucesos en *La Caricatura* y publica *Nieve* el próximo año (Armas 1981: 244). Si el disgusto con la labor del cronista provocó la renuncia de Casal a su puesto en el periódico habanero, en sus «Crónicas semanales» no se escribe únicamente el disgusto sino la tensión entre las expectativas del público lector y las huellas de un autorretrato perturbador. El público ávido de representaciones vistosas, ávido ya del *entertainment* que se encargarían de suplir los *mass-media* del siglo XX, ni reconoce ni mucho menos se reconoce en la mirada ciega y vidente del cronista. El cronista no representa sino que distorsiona lo representado, contaminándolo del malestar de su propio cuerpo, «inyectando» al cuerpo ajeno «una dosis de fastidio», un «remedio» inaceptable. Casal abandona *El País* no porque odie a los lectores («Después de todo, veo que tenían razón») sino porque reconoce un estado de ánimo propio «muy distinto al de ellos» (1963b, 3: 85). Tampoco culpa a los amigos que codiciaron su puesto y que lo tratan «de una manera cariñosamente fría». Debe abandonar el folletín porque no le «gusta estar a la vista de todo el mundo, como allí lo estaba». En la crónica Casal rechaza «el ojo pictórico» de la descripción y finalmente rechaza a los lectores que la reclaman. Incapaz de mirar, de ser mirado, de reproducir miradas ajenas, transforma la crónica en la escena de un intercambio excéntrico.

Al concluir la crónica sobre el circo, Casal señala otro cuerpo que sale a la pista. Es el payaso, tan admirado por los modernistas, el emblema de la risa enajenada en la pintura de la época y el lugar común del sentimentalismo popular hasta nuestros días. El payaso de Casal, maquillado y asalariado como el cronista, es el autorretrato final que se superpone sobre la retórica muda de los cuerpos voladores de los acróbatas. «Algunas de sus frases», escribe Casal, «encierran más filosofía que muchos sainetes aplaudidos» y afirma que ha «comprendido hasta qué límites llega la estupidez humana» cuando oye decir que el payaso es un «cínico». El cronista admira al payaso por su sabiduría, tan lejos del alcance del público, que solo ve el maquillaje grotesco de su oficio. Además dice que lo admira porque conoce «su vida íntima».

La intimidad entre Casal y el payaso es por supuesto un aspecto inédito de su biografía. No por eso deja de invitar al lector entendido a superponer la vistosa coreografía de los cuerpos voladores sobre esa «vida íntima» inédita, que excluye «la estupidez humana» del público general. Casal enmarca la imagen del payaso con una cita de su libro de cabecera, «la Imitación de Jesucristo» de Kempis: «Bienaventurados los sencillos y los que en nada estiman la opinión de los demás» (1963b, 3: 58). La cita del popularísimo tratado, un resumen casi anónimo de la tradición mística medieval, sugiere una representación de otra índole, lejos de la «cocina de la emoción» de los actores. El payaso encarna la otra cara de la fiebre del derroche y la substitución para convertirse en el emblema de la ordalía del escritor moderno, que sale a la pista maquillado, dejando oculta su «vida íntima», como si el secreto de esa intimidad fuera necesario para transformar el rostro maquillado en representación verídica. El payaso suple el significado y la sabiduría que las maromas voladoras de los acróbatas no pueden representar. En el circo la salida del payaso a veces sigue el espectáculo de los acróbatas, el *comic relief* después del peligro. En la crónica las dos *performances* se superponen en una escena radicalmente alterada, el «teatro especial» de la escritura, marco y mausoleo de la imagen, antesala del *museo ideal*.

La leyenda sobre un Casal aislado y misántropo parece anunciar la muerte solitaria del poeta en su buhardilla. Dios sabrá de donde sacó la energía, pero el hecho es que Casal murió elegantemente vestido en la sobremesa de su amigo Santos de Lamadrid. Antes de salir, dejó abierto sobre el escritorio el *Diario íntimo* de Amiel, la última lectura, dramáticamente señalada. Un fragmento del célebre *Diario íntimo* sugiere que no hay intimidad sin el deseo de compartirla, que la escritura transforma su secreto, por recóndito que sea, en «garabatos» legibles: «ces griffonnages m'ont aidé à vivre» —estos garabatos me han ayudado a vivir–. La escritura del *Diario* de Amiel, y la de su lector Casal, no son la escritura de la conciencia que se encierra sino que se dilata. No hay en ella desgano, más bien demuestra una energía capaz de renovarse con cada lectura. «La vasta pluralidad de seres diferentes, incluso contradictorios, entre los cuales no hay por qué escoger» (Amiel 1976, 1: 40), que compone el *yo* del célebre *Diario*, también es legible en los fragmentos que componen la obra de Casal. Son los fragmentos que Casal utiliza para armar una imagen propia. La imagen del escritor en el *Diario* de Amiel, como la imagen del escritor Casal, es «calidoscópica, proteica, mutable y polarizable, en todo caso, fluida, virtual; por consecuente latente incluso en mis manifestaciones, ausente incluso en mi representación» (Amiel 1976, 4: 580).

En las crónicas de *El País*, a primera vista las menos propicias para el genio excéntrico de Casal, en medio del gentío alumbrado por los focos eléctricos, el cronista se distancia de lo que lo rodea para hacer de la escritura un filtro paliativo, «filtro» de *philtron*, de *phileo*, o amar, un amor inaceptable para el lector deseoso de la nueva escritura artística, no de filtros ni remedios. El legado del modernismo de Casal no es únicamente el uso deliberado o irónico de un tema u otro, ni el colorido o la audacia sintáctica y léxica de sus descripciones. Es más bien la inscripción de las huellas legibles de su propio cuerpo, al igual que el del acróbata, transformado en cifra legible, en una representación animada por la voluntad y la aplicación, menos representación que *performance*, la oferta reiterada de una ficha canjeable, redimible, de un cuerpo que después de cien años todavía reclama el ajeno.

V.
Sacrificio

En su recorrido por la ciudad, el cronista abandona el refugio del interior, el espacio privilegiado de la estética modernista. Si el cronista «interioriza» los espacios exteriores, es decir si los representa subjetivamente, el proceso también implica el desgaste y la contaminación del interior y del sujeto que lo habita. La Derrochadora llena su alcoba de diversos objetos que su buen gusto armoniza, pero finalmente sus compras giran en torno al vacío.

En el circo, el cronista se distancia en su «teatro especial», pero su presencia transforma en «símbolos vivientes» los cuerpos voladores de los acróbatas. Las quejas del cronista sobre el travestismo que le impone su labor («debe alargarse las cejas», etcétera) son más retóricas que existenciales. El escritor reconoce que en la crónica debe representar espacios ambiguos, intermedios y contradictorios, y que para representarlos debe disfrazarse, velando «su vida íntima», como el payaso. Igual que la Derrochadora, el cronista da sentido al torbellino de objetos y a la vez se contamina de su fascinación ambigua, que tiende a su vez a aniquilar todo sentido porque aniquila al sujeto que percibe, es decir, el sujeto estético. El *museo* de Casal es la representación más opulenta, más trabajada, de la fascinación letal por el objeto ajeno y de sus consecuencias para el sujeto estético. El *museo* es también una alegoría erótica donde lo femenino y lo masculino luchan por el vigor creador, y donde a su vez se enfrentan el pincel y la pluma, la ubicua pareja del fin de siglo. Sobre las ruinas de esa batalla simbólica se emite el llamado ciego del poeta en *Marfiles viejos*, erótico en otro sentido.

1. Cuerpo / imagen

Al pasar a la poesía, no hay que olvidar la ambigüedad y la contradicción de la crónica. Quiero superponer los rasgos del cronista peripatético de la capital colonial a los del visitante al *museo ideal*, a su «retrato enviado» en *Marfiles viejos*, a su cadáver en «Horridum Somnium», el poema final de *Nieve*. En la poesía, una paradoja evidente subyace a toda representación de la imagen. La imagen poética quiere ser la entelequia de lo visual, puesto que pretende encarnar la independencia del signo poético autotélico. Sin embargo, la deseada unidad de la imagen se fragmenta en el despliegue lineal de la escritura y paradójicamente ese despliegue se nutre de la presencia luminosa, por fugaz que sea, de la imagen.

En el vaivén paradójico y contradictorio del texto poético se traza otra versión del sujeto cuyo nombre, Casal, se distancia del cuerpo que le dio origen para urdir un cuerpo legible. Entre el cuerpo sacrificado y el cuerpo legible, entre la imagen y su fragmentación textual, media el erotismo de la representación. La transformación requiere la descomposición del cuerpo: los poemas de *Nieve* son su elegía. En el segundo libro de Casal, es particularmente dramático el contraste entre las imágenes visuales de *Mi museo ideal* y el carácter vocativo de la serie de sonetos que le sigue, *Marfiles viejos*. Al cerrar el volumen, la transformación subjetiva que se inicia en los sonetos culmina en la visión final de «Horridum Somnium», el sacrificio del cuerpo para que brille una última vez la imagen de su ruina.

Si el museo decimonónico es el templo de la imagen, el *museo* de Casal es templo y mausoleo. Sus imágenes contienen la semilla de una ruina que se cumple fuera del *museo*, en los sonetos de *Marfiles viejos* y en el resto de *Nieve*, donde finalmente vuelve el cuerpo, en la imagen de la fragmentación y la putrefacción de la carne[1]. En *Mi museo ideal*, el cuerpo volador del acróbata se transforma en la

---

[1] Sobre los «restos» en Martí, véase Jiménez 1987: 123-159.

bailarina legendaria que pidió a Herodes la cabeza del profeta. En el siglo XIX, notablemente en las pinturas de Moreau, Salomé recobra su valor de representación hierática. En la versión literaria de la leyenda bíblica en *A Rebours* de Huysmans, uno de los libros de la biblioteca de Casal, la bailarina es a la vez apoteosis de la imagen y su ruina en una escritura que añora la llegada de la imagen y a la vez la resiste con su despliegue insistente y letal. En la novela de Huysmans el cuerpo representado de Salomé es finalmente la ausencia del cuerpo, o más bien un cuerpo representado por lo que no es, por lo que carece de sólido y de representable. La imagen de la bailarina que atraviesa el *museo* de Casal encarna la célebre pugna entre la transparencia y la opacidad del signo que anima la literatura moderna, «moderna» en el sentido en que la obra de Góngora o de Shakespeare es moderna. En la modernidad literaria, en el sentido específico que cobra la frase a partir de Baudelaire, la pugna entre la transparencia y la opacidad del signo se convierte en la dialéctica reiterada que en las letras hispanas se llamó modernismo y luego vanguardismo[2].

Después de su baile terrible, la Salomé de Casal se fuga como si su cuerpo abandonara el vestido y el marco que lo ceñían. Lo que sobra, las joyas suspendidas en el espacio donde estuvo su cuerpo, es su imagen. Salomé es el cuerpo sólido y mudo. Es también la superficie desnuda y lisa donde se inscriben signos. En las pinturas de Moreau, Salomé baila en el espacio enmarcado del lienzo. Su gesto y el vaivén entre la opulencia del vestido y su ausencia señalan la ambigüedad de su sentido. La diestra alza el loto simbólico, mientras que la siniestra señala la cabeza decapitada del profeta. El loto erguido de Salomé es la cifra del erotismo que encarna, y se opone a la cabeza, la ley del profeta. El gesto de Salomé cancela el sentido de la ley puesto que la

---

[2] Sobre modernismo y modernidad, véanse los ensayos en *Nuevos asedios al modernismo*, editado por Ivan Schulman; por ejemplo, Josef 1987 y González Echevarría 1987. El ensayo de González Echevarría también se incluye en su *Isla a su vuelo fugitiva*.

cabeza decapitada deja de significar, de tener sentido. En el espacio del *museo*, la cabeza deja de ser ley para convertirse en imagen. Las gotas de sangre que destila sobre el mármol remedan el diseño de las joyas que adornan el cuerpo de Salomé.

2. *MI MUSEO IDEAL*: EL MARCO DE LA IMAGEN

La «Salomé» de Casal se publicó en septiembre de 1890. Se trata de un soneto casi parnasiano basado en la descripción en *A Rebours* (1884) de los cuadros de Gustave Moreau. El intercambio entre Moreau, Huysmans y Casal constituye una red de influencias e intertextos donde se define la relación entre la imagen corporal y su representación literaria, entre el erotismo del cuerpo y la escritura que, al decir ese erotismo, lo sofoca. En sus marcos vistosos, las imágenes consagradas del *museo* a su vez enmarcan la llegada y la crisis de la visión proyectada sobre la ruina del cuerpo. Al desintegrarse, el cuerpo emite un último llamado, al «amigo» en el título de uno de los sonetos de *Marfiles viejos*, la serie que sigue a los sonetos del *museo* y que constituye la segunda hoja del díptico de sonetos de *Nieve*.

La crisis de la representación implícita en toda obra de la modernidad es particularmente dramática cuando la imagen pictórica representada se deforma y se borra en el despliegue lineal de la escritura. El tópico clásico sin duda marcó la obra de los modernistas, pero solo Casal construyó un *museo ideal* para exhibir su versión de las pinturas de Gustave Moreau. En el *museo* de Casal no solo se representa la serie de imágenes tópicas del modernismo. El museo es también el lugar de la contradicción fundamental en la estética modernista entre la voluntad de representar la imagen y su ruina inevitable. El último fulgor de la imagen ilumina la llegada del nuevo sujeto, cuya «naturaleza» no es representable porque desborda el marco, porque queda «fuera» del museo. ¿Dónde queda ese nuevo sujeto? Valdría la pena preguntárselo. ¿En el interior, revisando las compras de la Derrochadora? Tal vez, pero el Casal que ahora entra en el museo no viene de la alcoba de la muchacha sino del circo, del café, del matadero, los lugares donde se alteró definitivamente el frágil sujeto del interior modernista.

En la historia literaria se ha dicho que *Nieve* es «un libro parnasiano», y se ha señalado la influencia de Leconte de Lisle y Heredia el francés, especialmente en los sonetos del museo[3]. Apenas se mencionan los sonetos de *Marfiles viejos* ni tampoco la ausencia en ellos de las imágenes pictóricas, vistosamente estéticas, del *museo*. Sin embargo, si el *museo* de Casal es la apoteosis de lo estético, es también su elegía. Sobre la muerte del cuerpo representado, *Marfiles* contituye un llamado en otro registro. La lectura de las dos series de sonetos aspira a reconstituir un recorrido implícito: la trayectoria por la «galería» del museo que conduce al «hospital» de *Marfiles viejos*. En los sonetos del *museo* la Salomé danzante es la imagen tutelar que a la vez encarna una figura retórica privilegiada. Su danza garantiza el despliegue metonímico de los sonetos, y su cuerpo es la metáfora del brillo de la imagen. A medida que la bailarina avanza metonímicamente, el brillo metafórico de su imagen se desgasta en un circuito tautológico. Toda descripción de la imagen en el texto literario reitera implícitamente la antigua pregunta: ¿cómo representa la escritura? En el texto escrito, la imagen es el punto clave, el momento de crisis en el despliegue de la letra, precisamente el momento en que la letra se «anima» a la luz de la imagen. La imagen ocupa un espacio fugaz puesto que la letra enseguida se impone y la imagen pasa, *eidolon* ausente cuyo legado es la superficie donde la letra, siempre tautológica, regresa.

La «Salomé Dansant» de Moreau, una pintura al óleo conocida también como «la Salomé tatouée», y la acuarela «La Aparición» causaron sensación en el Salón parisino de 1876. Como es sabido, un complejo diálogo entre las artes, especialmente la pintura y la literatura, atraviesa todo el siglo xix. No se trata simplemente de la versión romántica del tópico clásico sino de un aspecto fundamental

---

[3] Por ejemplo, en Bellini 1985: 288.

de la estética del xix, desde William Blake, hasta Baudelaire y sus seguidores parnasianos, hasta los prerrafaelistas ingleses y los modernistas hispanoamericanos. El pintor Gustave Moreau, por ejemplo, había «soñado con una visión más literaria que pictórica», añorando la representación de elementos, tales como los sonidos y los perfumes, que evidentemente no se sometían a la representación plástica (Selz 1978: 36). Según Françoise Meltzer, el origen de la Salomé de Moreau no es la cortesana digna y elegante de las pinturas renacentistas. Su origen es la Salammbô de Flaubert, que a su vez comenzó *Hérodias*, su versión de la leyenda de Salomé, bajo la influencia de los cuadros de Moreau. En *A Rebours*, la célebre anatomía de la percepción estética, los dos cuadros de Moreau adornan el interior de des Esseintes. En su descripción de los cuadros de Moreau, el personaje de Huysmans invierte el deseo del pintor e intenta reproducir en la escritura los elementos pictóricos de sus cuadros (Meltzer 1987: 13-46).

El soneto «Salomé» de Casal, publicado en septiembre de 1890, fue el primero en la serie de sonetos que entrarían en su *museo ideal*. Significativamente, el primer soneto se basó en la descripción del cuadro de Moreau en *A Rebours*, puesto que hasta entonces Casal desconocía la obra del pintor francés. «Salomé» marca la entrada de Casal en el diálogo entre la pintura y la escritura de sus modelos franceses. El cubano no es siquiera el recién llegado al banquete cultural del París finisecular. Contempla la fiesta desde el exterior, como los niños tras los barrotes de la tienda *El Fénix*. Para entrar tendría que reducirse, y en todo caso sabe que no tendrá acceso a la originalidad de sus modelos. Todo en él es copia y traducción; sin embargo, por eso es atractivo, porque en su versión se opaca el original y se define un sujeto *in his own right*, un sujeto reducido, añicado, generador, finalmente desvirtuado y paradójicamente original.

Después de la publicación de «Salomé» en *La Habana Elegante*, Casal escribió a París, probablemente a Huysmans, para conseguir copias de las pinturas de Moreau. Enseguida recibió copias de *Hélène sur les murs de Troie*, *Galatée* y probablemente *Salomé*. En agosto de 1891, publicó «Elena» y «Galatea» y en la misma fecha inició su correspondencia con Moreau, un intercambio que habría de durar hasta la muerte de Casal[4]. En su correspondencia con el pintor, la humildad característica de Casal oscila entre la fórmula epistolar y la admiración casi infantil. En su primera carta a Moreau, del 11 de agosto de 1891, escribe: «vous avez en moi, quoique je sois très loin de Paris, le plus obscur et le plus petit, mais le plus fervent, le plus sincère, le plus fidèle, et le plus loyal de vos admirateurs et de vos serviteurs» [Tiene usted en mí, a pesar de que estoy tan lejos de París, el más oscuro y el más pequeño, pero el más ferviente, el más sincero, el más fiel, y el más leal de sus admiradores y de sus servidores] (1978, G2: 140-141). Si en sus cartas Casal marca la distancia entre la obra de Moreau y la suya, si aparece como el pobre insular frente al maestro cosmopolita, en su poesía las distancias son otras. En ella Casal supera el artepurismo objetivista parnasiano y los signos de su «subjetivización» de los cuadros de Moreau complementan el despliegue a ratos un tanto trabajoso de la utilería modernista[5].

Por supuesto, en el *museo ideal* la vista prevalece sobre los otros sentidos. El visitante entra al «Vestíbulo» del primer soneto, donde observa el «Retrato de Gustavo Moreau», el subtítulo del mismo soneto, antes de pasar a la «galería» donde se exhiben los diez «cuadros» del pintor. La visita concluye con un epitalamio extravagante, un «cuadro» que representa la unión alegórica entre Moreau, transformado en Dios del Arte, y Elena, la encarnación de la Belleza. El poema final no se basa en un cuadro de Moreau sino que pretende reproducir en la escritura imágenes visuales análogas a las que aparecen en los cuadros del pintor, donde los personajes mitológicos o

---

[4] He tomado de Glickman, *The Poetry of Julián del Casal*, los detalles de la relación entre Moreau y Casal. Véase también Vitier 1971.

[5] En su artículo sobre *Mi museo ideal*, Lee Fontanella (1970) afirma que se debe estudiar «Casal's subjectivization of Moreau's works». Priscilla Pearsall (1984) añade que las «propiedades psicológicas» de *Marfiles viejos* se «reflejan» en *Mi museo ideal*.

históricos se descontextualizan en un espacio de perspectivas extrañas. Las imágenes en la pintura de Moreau parecen flotar sin que los colores respeten la frontera de su contorno. Oscilan entre el brillo de los colores y su ausencia. La técnica es característica de Moreau y del simbolismo pictórico. Ambos se distancian deliberadamente de la nítida y corpulenta representación del academicismo de la época. La imagen, a la vez brillante y borrosa, deja de representar los sentimientos y las ideas y se incorpora, se alza y cobra cuerpo, como el brazo erguido de Salomé, contra la supremacía de los significados que la acechan[6]. La imagen cubre y revela el cuerpo y esa alternancia es erótica. En Casal, como en «los textos decadentes» sobre la pintura, la imagen no se somete a la representaciones mitológicas del clasicismo pictórico. Al contrario, la imagen mitológica clásica se representa y se desdibuja a la vez, y el elemento clave de esa deconstrucción de la imagen es la figuración del deseo prohibido, en el baile de Salomé por ejemplo. Por eso inquieta el «sinsentido» en la obra de Casal, como inquietaron las imágenes borrosas de Moreau y otros pintores simbolistas. No es que la obra de Casal no diga nada, como pensó Varona, sino que dice un erotismo anómalo y perturbador, como todas las «representaciones borrosas y liminales de los simbolistas decadentes, degenerados, y ego-erotomaníacos [que] no logran entrar en el brillante círculo focal de la conciencia» (Nordau 1895: 61).

El poeta, observador y guía en el *museo* de Casal, queda al margen de la visión del epitalamio final. Carente de una primera persona que la centre, la imagen del poeta se borra en la luminosidad evocada en el poema, como una imagen fotográfica expuesta a la luz. Borrado por la luz, situado al margen de la maestría y el genio encarnados en Moreau, el poeta de *Mi museo* observa desde el margen letal de la no-representación, de la ausencia, como si su exclusión garantizara la llegada de la luz en los cuadros-sonetos. La exclusión del poeta a la vez comienza a sugerir otro tipo de «retrato», no el «retrato» que se contiene

---

[6] Véase Guillerm 1974: 11-28.

en los marcos del museo sino la representación de todo su ámbito, de su espacio teatral, en el sentido etimológico de la palabra, el lugar donde alguien «mira» los cuadros, alguien que no se deja ver puesto que su presencia no tiene nada que ver con lo visible. La inmovilidad, la fijeza del «ideal» estético enmarcado en el museo contrasta con el movimiento del visitante, de cuya percepción depende la representación escrita de los cuadros y cuya exclusión del *museo ideal* preludia el acceso a la «esencia pura» de «Paisaje espiritual», el interior psíquico de *Marfiles viejos*. El «Paisaje espiritual» es otra versión de la «vida íntima» del payaso, el interior que resiste lo estético, particularmente lo visual, y que por lo tanto busca otra forma de «decirse».

En «Vestíbulo: Retrato de Gustavo Moreau», la imagen del pintor se compone del «rostro que desafía los crueles / rigores del destino; frente austera / aureolada de larga cabellera», y en la última estrofa aparecen «sus ojos soñadores». En la segunda estrofa Moreau se transforma en un dios del arte, «Creador luminoso como Apeles, / si en la Grecia inmortal nacido hubiera». Moreau es la versión apoteósica del artista armada de las imágenes del pasado maravilloso y arruinado: «vive de lo pasado entre las ruinas / resucitando mágicas deidades» (1978: 113). En «Salomé», el primer «cuadro» del *museo*, la luz dispersa, «el suave / Humo fragante por el sol deshecho», se concentra en la imagen de la bailarina. Casi incorpórea, «estrellada de ardiente pedrería», Salomé se compone de la misma luz que la refleja. Al final del poema, baila «radiante de alegría», radiante en el sentido literal, puesto que Salomé encarna la luz y la irradia. Su premio es el loto, el totem fálico de los egipcios:

> Salomé baila y, en la diestra alzado,
> muestra siempre, radiante de alegría,
> un loto blanco de pistilos de oro. (1978: 114)

El loto de Salomé figura en una conocida anécdota de la biografía de Casal, donde la flor sagrada provoca un error sugerente. En casa de los Borrero, la familia amiga de Casal, el pequeño Esteban arranca un lirio y dice «Toma, Casal, éste es el lirio de Salomé». «La equivocación del hijo», «lirio» por «loto», escribe de Armas, «ratificada por el padre al narrar la escena», conmueve a Casal. «Se arrojó sollozando entre mis brazos», cuenta Borrero Echevarría[7]. Lezama comenta la escena y dice enigmáticamente que el poeta «siente como la futura plástica en que su obra va a ser apreciada y recibe como una nota anticipada» (1977: 71). En el primer soneto, la imagen triunfal de Salomé alza el loto y el gesto lo transforma en la imagen del deseo, en un emblema fálico, no solo en el sentido metafórico que tiene en la tradición y en la Salomé de *A Rebours*, sino también, como lo sugiere «la equivocación del hijo ratificada por el padre», en tanto que cifra intercambiable en la serie, loto / lirio / cabeza / maza, de cuyo impulso substitutivo depende el despliegue encadenado de los sonetos.

En el segundo soneto, «La aparición», Salomé se despoja de su vestimenta dorada y su cuerpo se reduce a «oro y perlas, zafiros y rubíes». Al final del poema, en lugar del loto, surge la cabeza «del Precursor decapitado», y «Huye» Salomé. La imagen huidiza de la bailarina se reduce primero al brillo de su vestido de brocado y luego a las piedras preciosas que la adornan. Igualmente, en cuanto aparece, la cabeza decapitada del profeta se fragmenta «en gotas carmesíes». La imagen dispersa, casi pulverizada, de los sonetos corresponde por una parte a las pinturas de Moreau, en las cuales el trazado del contorno contribuye a la *platitude* de la imagen y a su aparente difusión en relación a la luz tamizada característica del pintor. En Casal, la pulverización de la imagen, en joyas, en «gotas carmesíes», representa la fragmentación metonímica característica de la escritura. En medio de las imágenes hieráticas, casi estatuarias, del *museo,* la fragmentación cuestiona su coherencia visual y los límites impuestos por el marco que contiene el valor estético.

---

[7] Véase Armas 1981: 137-140.

En la novela de Huysmans Salomé se convierte en el símbolo de la «*Luxure*», lujo y lujuria, el exceso moral y decorativo. El exceso de Salomé como símbolo de lujo y lujuria se representa en las joyas que se adhieren a la superficie de la piel: «sur la moiteur de la peau les diamants, attachés, scintillent» –sobre la humedad de la piel los diamantes se adhieren, y brillan– (Huysmans 1974: 84). En *A Rebours,* condenada por sus excesos morales y decorativos, Salomé se convierte finalmente en la «belleza monstruosa», que representa un nuevo origen divorciado de la tradición judeo-cristiana, el origen histórico de la leyenda de Salomé, y se asocia a las «teogonías» del «Lejano Oriente». El detalle lujoso/lujurioso se adhiere al cuerpo de Salomé, condenada en «La Aparición» por la cabeza decapitada del profeta, que flota en el espacio. La imagen plástica se fragmenta para marcar la ruina de la ilusión representativa. El triunfo de la imagen de Salomé corresponde a su figuración en el despliegue metonímico de la pedrería que adorna su cuerpo. La condena de Salomé es inmediata y corresponde a la transformación del cuerpo en un espacio en blanco, apenas sugerido en un dintorno de piedras preciosas. Sobre el cuerpo de Salomé, «la tatuada» en el otro título del cuadro de Moreau, se escriben y se borran los signos decorativos, sin otro sentido que el de ornar el cuerpo. El cuerpo, su superficie decorada y marcada, es el punto privilegiado y peligroso donde el significado titubea frente a la opacidad del detalle ricamente inscrito. En *A Rebours*, el cuerpo gastado de la bailarina se convierte en la imagen rígida e inútil que hay que descartar si ha de continuar la búsqueda ontológica de des Esseintes: «le sens de cet emblème» –el sentido de este emblema– (1974: 87).

En cambio, en el marco formal del soneto que ciñe a Salomé en el *museo* de Casal no hay suficiente espacio para las ramificaciones intertextuales y ontológicas de Huysmans. Los sonetos de Casal sobre Salomé se concentran más bien en el proceso de vestir y desnudar el cuerpo de la bailarina: «con veste de brocado, estrellada de ardiente pedrería» y «Despójase del traje de brocado, / y, quedando vestida en un momento, de oro y perla, zafiros y rubíes, / huye...». Los dos sonetos se fijan en ese «momento», el triunfo de la imagen un instante antes de su fuga, de su transformación en escritura. Según Rodolphe Gasché, la «deidad enigmática» de Huysmans desencadena una serie de citas, desde la mitología hindú hasta los ritos funerales de los egipcios, cuyo peso transforma el cuerpo en cadáver: «le cadavre de la morte». Al igual que el loto, en *A Rebours* Salomé se convierte en un «vaso purificado», «idealizado», vaciado de la materia y colmado de su opuesto, el espíritu (Gasché 1988: 201-202). El cadáver de la Salomé de Huysmans se ha vaciado para poder sugerir un interior «espiritual». En cambio, en los sonetos parnasianos de Casal, Salomé representa la fuga, la metonomia que garantiza el encadenamiento de los sonetos[8]. Su loto fálico es el primer objeto en una serie de objetos erguidos, el lirio de Elena, la cabeza del Profeta, la maza de Hércules, las manos de la nereidas, los representantes de una «potencialidad espiritual» postergada. En lugar de convertirse en un «vaso purificado», la Salomé del *museo* se deshace del vestido que define y sofoca su cuerpo y «Huye», como para que nadie la atrape, dejando solo un trazado de piedras preciosas, reemplazadas a su vez por la «lluvia» de sangre de la cabeza del Precursor que la había condenado: «huye del Precursor decapitado, que esparce en el marmóreo pavimento / lluvia de sangre en gotas carmesíes». Las gotas de sangre pintan a su vez la superficie del mármol, sinécdoque de la piel luminosa y decorada de la bailarina. Valdría la pena parafrasear la pregunta de Derrida sobre «la verdad en la pintura»: ¿de qué carece la representación del cuerpo para que el vestido y las joyas tengan que suplementarlo?» (1987: 57-58).

Una respuesta posible se encuentra, por una parte, en la relación entre las imágenes visuales de Moreau y la versión escrita de Casal;

---

[8] Con razón dice Schulman que la Salomé de Guillermo Valencia «simboliza el pecado y el crimen productos de la lubricidad que despierta la mujer en el hombre. En cambio la visión de Casal carece de dimensión moral» (1976b: 81).

por la otra, en la relación entre el cuerpo de Salomé y los adornos que lo cubren y lo representan. La relación entre la pintura de Moreau y los sonetos de Casal no depende de las imágenes que comparten, ni siquiera mediadas por la novela de Huysmans. La pintura de Moreau y los sonetos de Casal coinciden porque ambos representan la crisis de la imagen. Des Esseintes se enemista con la historia, pero finalmente reemplaza un mito originario por otro, «teogonías orientales» en lugar de «tradiciones bíblicas» (Huysmans 1974: 86). Sin embargo, el origen evidente de las imágenes de Casal no es la historia sino las pinturas de Moreau. Su versión sufre, y se enriquece, de una distancia al segundo grado. En las representaciones enmarcadas en los sonetos, las imágenes históricas pierden el fulgor de su prestigio frente a la mirada errante del visitante, que reclama la participación ajena y que finalmente cuestiona el aspecto «ideal» de los poemas, que pasa de la visión de la imagen a la complicidad afectiva entre el «yo» lírico de *Marfiles viejos* y el lector. Los ojos en los sonetos-cuadros y las manos erguidas que los atraviesan, de Salomé, de Elena, de las Nereidas, desbordan los marcos, reclamando la distancia de la perspectiva crítica, «una postura crítica distanciada» en la frase de Gwen Kirkpatrick (1987: 357). La cabeza decapitada corta violentamente la idealización de las imágenes, como si profetizara la putrefacción del cuerpo en el poema final de *Nieve*.

En el resto de la serie, la Belleza corporal y erótica, encarnada en Salomé, y el principio creador del Genio, encarnado en Moreau, se transforman en la progresión de contrarios a partir de cuya oposición violenta avanza el poema. «El precursor decapitado» de «La aparición» anuncia la llegada del mártir crístico de «Prometeo»: «Bajo el dosel de gigantesca roca / Yace el Titán, cual Cristo en el Calvario». «Indiferente y solitario», el Prometeo-Cristo de Casal busca su única redención en el futuro:

> Su pie desnudo en el peñasco toca
> donde agoniza un buitre sanguinario

que ni atrae su ojo visionario
ni compasión en su ánimo provoca.

Escuchando el hervor de las espumas
que se deshacen en las altas peñas,
ve de su redención luces extrañas. (1978: 116)

En una de sus cartas a Moreau, Casal escribe: «Vuestro Prometeo es un Cristo pagano» (1978, G2: 181). El mártir de Casal es el profeta de la visión borrosa de un futuro incierto. El «ojo visionario» del titán-profeta vislumbra algo vago, misterioso y deseado en un futuro cuya visión es ambiguamente redentora. El «ojo visionario» de Prometeo inicia la serie mirar / ver / visión, que altera la función descriptiva de los «cuadros» de Casal y que se distancia de los detalles pictóricos del poema para dar paso a tres significados hieráticos: el Genio, el Arte y la Belleza. El significado final del *museo*, ontológico y apoteósico, es que el Arte es la unión sagrada entre el Genio y la Belleza. Valdría la pena recordar un vecino etimológico de «sagrado», es decir, «sacrificado», la unión «hecha sagrada» a expensas de la muerte del cuerpo y de los significantes que arrastra, como arrastra Salomé-Elena su irisada «veste de opalina gasa». Sin embargo, decir el significado final, Arte-Genio-Belleza, es cuestionarlo. De hecho, en la serie de sonetos se cuestionan los valores absolutos que definen el Arte. Al reflejo de las «luces extrañas» que ve el Prometeo encadenado, se apaga la luz que irradian los detalles pictóricos del *museo*, y se atenúa el dualismo radical femenino/masculino de cuya pugna depende el «vigor» creador representado en el *museo* y el valor de Genio-Arte-Belleza.

En los demás sonetos del *museo* se enfrentan los contrarios femenino y masculino, que luchan por el «vigor» creador, fugazmente usurpado por Salomé-Elena y su fálico loto-lirio erguido sobre la muerte. En «Elena», el quinto soneto de la serie, el triunfo de la figura femenina es total. Vestida como Salomé, «Envuelta en veste de opalina gasa, / Recamada de oro», Elena vigila el llano cubierto de cadáveres. Su triunfo horrible es total y su trofeo es el lirio del niño Borrero, que Elena alza como el loto de Salomé:

> indiferente a lo que en torno pasa,
> mira Elena hacia el lívido horizonte
> irguiendo un lirio en la rosada mano. (118)

En el sexto soneto, «Hércules ante la Hidra», el poema central de la serie de *Mi museo ideal*, el héroe, coronado de laureles, hereda el papel del artista, inicialmente encarnado en Moreau. Igual que Prometeo y Polifemo, Hércules fulmina con la mirada, dirigida a la Hidra monstruosa. Casal no menciona el triunfo legendario de Hércules. El soneto concluye cuando el titán se enfrenta al monstruo y lo mira, «Fulminando en sus ojos la amenaza». Al igual que «Prometeo» («negras pupilas» del buitre), «Galatea» (el «ojo verde» de Polifemo) y «Elena» («Mira Elena»), «Hércules ante la Hidra» termina con el «ojo visionario», el ojo erótico, voraz, fulminante, que desborda el «marco» que ciñe los cuerpos simbólicos del *museo* y alude a la mirada oblicua del poeta.

Derrotado el monstruo, la Belleza renace en la «Venus Anadyomena» del séptimo soneto, donde Salomé-Elena se convierte en una Venus «de ojos maternales», también «Envuelta en luminosos arreboles». El *motif* de la flor levantada en la diestra, igual que «la potente maza» de Hércules, reaparece, pero esta vez la mano erguida, la que ha alzado la cifra substitutiva loto/lirio/maza, se multiplica en «las manos elevadas» de «Blancas nereidas» que ofrecen «Ígneas ramas de fúlgidos corales». En «Una peri», soneto viii, la imagen se hace casi incorpórea («Blanca peri su cuerpo balancea») para convertirse en puro resplandor: «aurora», «claro brillo de la luz febea», «célico palacio», «fúlgida marea» —como si el cuerpo tentador y corrupto de Salomé se hubiera transformado en «visión lumínica de plata».

En el último soneto, «Hércules y las Estinfálides», Hércules parece vengar el martirio de Prometeo cuando dispara sobre las aves letales del lago de la Arcadia. El impacto plástico de los primeros sonetos disminuye a medida que se avanza a través del *museo* y el *motif* reiterado de la mirada complementa y a la vez refracta la oposición entre los contrarios de los primeros sonetos. El *motif* del ave fatal que atraviesa toda la serie reaparece en «las Estinfálides», las aves que hostigan el lago de la Arcadia. Las aves, que apenas vuelan, se confunden con las rocas de un paisaje terrible: «Entre gigantescas / Rocas negras de picos fulgurantes, / El dormido Estinfalo centellea». La roca en forma de ave aparece también en «Galatea» donde se confunde con Polifemo: «…Salpicando de espumas diamantinas / El pico negro de la roca bruta, / Polifemo, extasiado…». La roca-pájaro es otra versión del buitre de «Prometeo» que yace sobre «el peñasco». El triunfo final de Hércules-Prometeo, «su viril despecho», sobre el pájaro-roca-pico representa la victoria momentánea del principio creador sobre una fuerza contraria devoradora y anuncia la llegada de la imagen laureada de Moreau en «Sueño de Gloria: *Apoteosis de Gustavo Moreau*», el poema de diez estrofas irregulares que concluye la serie de diez sonetos de *Mi museo ideal*.

Casal no dejó de ocuparse de la publicación de sus libros y supervisó la distribución, la puntuación y la disposición, incluso después de entregado el libro a la imprenta. Ya iniciada la composición tipográfica de *Nieve*, decidió colocar «Sueño» al final de la serie, otorgándole así al poema un peso que no habría tenido de haber permanecido dentro de la serie de sonetos (1978, G2: 215). Las lecturas que se han hecho del último poema del *museo* son contradictorias. Según Lee Fontanella, el poema final de *Mi museo* presenta la visión original de Casal puesto que no se basa explícitamente en un cuadro de Moreau. El «cuadro» final representa la transformación del poeta, encarnado en Moreau-Creador, a su vez transformado en la unión con la Elena-lirio, «La Belleza del Genio enamorada». En la imagen totalizante del poema final se borran los límites espacio-temporales y la «expansión» de la forma corresponde a la «expansión de la conciencia» poética. Según Fontanella, el «Sueño» es la visión de la conciencia casaliana, el premio de la pugna entre la imagen y su representación literaria (1970: 472). En cambio, en su lectura del poema, Priscilla Pearsall afirma que la presentación «alegórica» del arte como la unión del Genio y la Belleza en «Sueño» es una estrategia trillada que disminuye el impacto radical de modernidad de *Mi museo ideal* (1984: 32).

Es cierto que la imagen de Moreau-Creador, «Divino, patriarcal y esplendoroso», frente a Elena coronada de «destellos / Deslumbradores» que «Balbucea, postrada de rodillas, / Frases de amor ante los pies del Genio», se aproxima al refinamiento pueblerino de juego floral; o se acerca a la decepción y autodecepción estética característica de lo cursi, en la definición de Matei Calinescu (1987: 233: 235). En lugar de «expansión de la conciencia», se trata más bien de la reducción del yo poético frente a la retórica opulenta del epitalamio final, «the sublimation of the self» (De Man 1971: 40-41). Para glorificar la imagen de Moreau, Casal se borra como sujeto del poema. Si los cambios en las modas literarias han convertido la retórica de esa glorificación en algo «trillado», no obstante perdura el gesto del sujeto que se borra y se reduce para que brille la imagen que quiere consagrar. Puede que el tiempo y el vaivén del gusto literario hayan ahuecado las imágenes privilegiadas de Salomé-Elena y otras divas modernistas. Pero por eso mismo, porque han pasado de moda, porque se han gastado, las imágenes del catálogo modernista se cubren de un patetismo que a fin de cuentas armoniza con la intención implícita del *museo*: primero, glorificar las imágenes plásticas de Moreau, para luego marcar la frontera infranqueable entre el pincel y la pluma, entre los destellos de la imagen luminosa y los tenues relieves de la letra inscrita, y finalmente preparar el camino para la figuración del deseo «dormido». El deseo «dormido» no se destierra en lo absoluto sino que se enmarca teatralmente en el poema final de *Nieve*: «hasta el fondo glacial de mi alma, / cripta negra donde duerme el deseo» (1978: 186).

A la salida del *museo* se abren los sepulcros y la opulencia del detalle ahora sirve para describir la corrupción del cuerpo, el centro generador del poema. El encuentro entre Moreau y Elena es el «cuadro» que Moreau nunca pintó y que Casal «pinta» en la *ékfrasis* apoteósica del poema que cierra su *museo*. Sin embargo, la objetividad de la descripción, fundada en la deseada autonomía del significante eidético, se quiebra con la vuelta de «la mirada», situada al borde del sepulcro igual que se situó fuera del marco en el *museo*. La mirada oblicua da sentido, dirección y significado, a la descripción:

> : […] y se mira
> revolotear en el ambiente denso
> enjambre zumbador de verdes moscas
> que, cual fúlgidas chispas de metales,
> surgen del fondo de las tumbas hoscas,
> donde, bajo las capas terrenales
> en que está la materia amortajada,
> del gusano cruel bajo los besos,
> atónita descrubre la mirada
> la blancura amarilla de los huesos. (1978: 126)

Igual que el baile de Salomé, el revoloteo de las «verdes moscas» es metonimia y metáfora: predicación de «las moscas surgen» y metáfora de su transformación en «chispas de metales». En todo el poema, ambas figuras se alternan vertiginosamente para producir la imagen fragmentada, urdida sobre la ruina del cuerpo que hubiera garantizado su carácter representativo.

En el epitalamio que cierra el *museo* de Casal, el cuerpo queda literalmente excoriado de su última «capa» protectora, la tierra, para convertirse en «materia amortajada», grotescamente erótica, «del gusano cruel bajo los besos». La imagen fragmentada y visionaria gira en torno a «la mirada» que «descubre» la escena, que describe el sepulcro abierto como si fuera el último cuadro del *museo*, visto desde el borde de la fosa. *Nieve* concluirá con otra elegía al cuerpo, pero esta vez será el cuerpo del poeta, alejado de la ilusoria objetividad de la «mirada» incorpórea, enmarcado en un cuerpo que generará otra serie de imágenes: «Así he visto llegar a mis ojos». El epitalamio que cierra el *museo* es la elegía al cuerpo que se cumple en el poema final de *Nieve*. La imitación de Moreau que generó las imágenes del *museo* debe pasar por otra etapa. Si imitar es reproducir una imagen, para el sujeto es también entrar, enmarcarse, en otra práctica que lo reclama, donde el deseo del diálogo reemplaza la visión[9]. Si en *Mi museo* todo es superficie, mirada, intertexto, en los sonetos de *Marfiles viejos* surge una primera persona enfáticamente subjetiva que busca una *redención* ambigua, «redención» en el sentido ontológico de la palabra, «salvación», y en su sentido económico, «reembolso»: «dejar libre una cosa empeñada».

3. *Marfiles viejos*: fuera del marco

Marfiles viejos, el título de la serie de sonetos que sigue los sonetos de *Mi museo*, parece aludir a las preciosidades de una vitrina de *chinoiseries* modernistas. Sin embargo, no hay «marfiles» en los sonetos y la ausencia de objetos preciosos es notable. En los sonetos de *Marfiles* el autorretrato del poeta se impone sobre la ruina de las imágenes del *museo*. El interior opulento del *museo* se abre en un proceso dialógico que requiere la presencia del amigo, la madre, el crítico, los destinatarios de los sonetos de *Marfiles*.

A partir del primer soneto de *Marfiles*, «Tristissima Nox», las imágenes surgen y se borran para definir el margen estrecho de un nuevo sujeto, desterrado del encierro estético del *museo*. Si los sonetos del *museo* abordan la representación de la pintura a través de la escritura para concluir en la descomposición del cuerpo, «imago» original del sujeto, en *Marfiles* se intenta otro tipo de representación: la construcción de la imagen propia a través de la escritura. *Marfiles*

---

[9] A propósito de la reproducción de la imagen, escribe Jacques Lacan «Imiter, c'est sans doute reproduire une image. Mais foncièrement, c'est, pour le sujet, s'insérer dans une fonction dont l'exercise le saisit» [Imitar es sin duda reproducir una imagen. Pero, para el sujeto es a fondo inscribirse en una actividad cuya práctica lo atrapa] (1973: 92).

es la autobiografía en verso del poeta, o mejor dicho, es su retrato parcial, completado especularmente en la mirada y el cuerpo ajenos. La clausura del espacio autotélico y autoerótico del *museo* abre la posibilidad de un intercambio diferente.

Del «voyeurismo» del *museo* se pasa en *Marfiles* a la búsqueda de un objeto análogo del cuerpo ajeno. Sin ajustarse al rigor de una lectura psicológica de la obra de Casal, con los logros y las trampas que sin duda ofrecería, cierta terminología de Freud no deja de ser útil. El «voyeur», el que quiere mirar, es un «exhibicionista en el lenguaje de las perversiones». Freud añade que «inicialmente la pulsión de ver es autoerótica, tiene sin duda un objeto, pero este se encuentra en el cuerpo propio. Sólo más tarde se ve llevada (por la vía de la comparación) a permutar este objeto por uno análogo del cuerpo ajeno» (Freud 1976: 125).

En el segundo poema de *Marfiles*, dedicado al amigo, «Al mismo *(Enviándole mi retrato)»*, el amigo representa la salud corporal y espiritual que le falta al poeta. El poeta, «Águila que vivió presa en el lodo», fabrica su autorretrato a partir del contraste con el amigo dichoso. El poeta de *Marfiles* comparte la derrota de los titanes del *museo*, especialmente Prometeo, y siente «la fatiga corporal del bruto». El poeta pide al amigo que lo devore con la mirada, como el buitre a Prometeo:

> Despójate de vanas ilusiones,
> clava en mi rostro tu mirada fría
> como su pico el pájaro en el fruto. (1978: 139)

El pájaro que devora el rostro en el soneto prefigura el pájaro que devora el sexo en el poema final de *Nieve*. La derrota del poeta en *Marfiles* contrasta con el triunfo de Moreau, el «Dios» de la representación pictórica; sin embargo, el contraste también sugiere la reevaluación de la naturaleza de esa representación. La representación en el *museo* es de orden estético, es decir, apela a los sentidos, al cuerpo, no al intelecto y paradójicamente se nutre de los valores abstractos del pasado clásico que encierra el museo decimonónico.

En *Marfiles* no hay acceso al pasado. Al poeta de *Marfiles* lo acompañan «cuervos sepulcrales» que se transforman en vagas «figuras espectrales» en un ámbito donde el pasado clásico, tan vistosamente reconstruido en el *museo*, ya no lo sustenta: «Del pasado no llevo las señales», dice en «Pax Animae». La energía visionaria de la poesía de Casal surge precisamente del derrumbe de las imágenes consagradas de *Mi museo*, de la oposición de contrarios cuya pugna «Atónita descubre la mirada». Si en *Mi museo* todo es mirada, en *Marfiles*, cerrados de espanto los ojos, el oído percibe otros rumores:

> tan sólo llega a percibir mi oído
> algo extraño y confuso y misterioso
> que me arrastra muy lejos de este mundo. (1978: 140)

En *Marfiles* la apoteosis poética de *Mi museo* se refracta y se transforma en un proceso de contrapunteo anamórfico. El «yo» de *Marfiles* no comparte los premios consagrados de la labor poética: la fama, la belleza, el genio y la salvación. El rechazo de dichos valores aleja al poeta de los tropos prestigiosos del «paraíso» del Arte y lo conduce hacia la meditación subjetiva sobre la relación entre la representación pictórica y la escritura.

En «A un crítico», el «Yo sé» con que comienzan las dos primeras estrofas se distancia del triunfo tradicional del artista:

> Yo sé que nunca llegaré a la cima
> donde abraza el artista a la Quimera
> que dotó de hermosura verdadera
> en la tela, en el mármol o en la rima; (1978: 145)

En *Marfiles viejos*, el poeta no puede llegar a «la cima» que alcanza el pintor, el escultor o el cantor. Con el «nunca llegaré» se cierra la entrada al ámbito de «hermosura duradera» en la pintura, la escultura y el canto. «La rima» es el verso lírico del antiguo trovador, no la nueva poesía del «neurótico sublime», que también «ennegrece cuartillas» en el periódico. En la segunda estrofa «cima» (altura) se transforma en «sima» (abismo). La muerte y el olvido acechan al poeta que no logra «la cima», y «la sima» se abre sobre la segunda parte del poema:

> yo sé que el soplo extraño que me anima
> es un soplo de fuerza pasajera,
> y que el Olvido, el día que yo muera,
> abrirá para mí su oscura sima.

La «sima» alude sin duda al «gouffre» de Baudelaire, y también al «secreto», «la vida íntima», los recintos que resisten la representación, que contaminan la imagen de su marginalidad indecible.

En los sonetos de *Marfiles*, los valores estéticos –«En la tela, en el mármol o en la rima»– se eclipsan y surgen dos imágenes complementarias del poeta, el niño y el enfermo, dos personajes fundamentales de la modernidad literaria, en Blake, Poe, Baudelaire, Martí y sin duda en Casal. Después de enfrentarse a la «oscura sima», el poeta aparece transformado en el niño visionario:

> Mas sin que sienta de vivir antojos
> y sin que nada mi ambición despierte,
> tranquilo iré a dormir con los pequeños,
>
> si veo fulgurar ante mis ojos,
> hasta el instante mismo de la muerte,
> las visiones doradas de mis sueños. (1978: 145)

En los dos sonetos finales de *Marfiles*, «Tras una enfermedad» y «En un hospital», el poeta padece de una fiebre. Los valores del *museo* se distancian, o más bien constituyen el telón de fondo de la escena final, la llegada de la muerte y la transformación de la corrupción del cuerpo en visión, animada por la profecía vocativa del poema, no por el ensueño representativo del museo.

La luz de las pinturas «lumínicas» del *museo* se apaga, aunque perdura su fulgor lejano. *Marfiles* es la secuela al fracaso mimético del *museo* y de toda escritura de la imagen. Muchos años antes del soneto antológico de González Martínez, publicado en 1911 –«Tuércele el cuello al cisne… Mira al sapiente búho»–, el búho es el ave tutelar de «Flor de cieno», donde afirma el poeta, con dejo casi martiano:

> Yo soy como una choza solitaria
> que el viento huracanado desmorona
> y en cuyas piedras húmedas entona
> hosco búho su endecha funeraria. (1978: 148)

En Martí el «águila blanca» estelar es el polo superior del paradigma animal que figura, dice Angel Rama, «en una operación visionaria […] minuciosamente registrada». El águila martiana corresponde al «"albatros" baudelairiano» y al «"cisne" mallarmeano-dariano», símbolos del poeta y de la «libertad humana en oposición a la constricción social», «el águila que se arrastra» de Martí (Rama 1982: 20). En la obra de Casal, la «libertad humana» es más problemática. En todo caso, «la libertad humana» no se opone a «la constricción social» como en la fórmula de Rama sino que, en el mejor de los casos, se sitúa ambigua, precaria, pragmáticamente, dentro de esa «constricción».

En *Marfiles viejos*, las aves son precisamente las aves fatales del polo inferior del paradigma martiano, el «Águila que vivió presa en el lodo», «cuervos sepulcrales», «aves negras» y el «hosco búho», custodio de un reino interior diferente: «una urna cineraria / Sin inscripción, ni fecha, ni corona». La urna de Casal presenta un exterior liso, sin relieves, sin escritura. La «esencia pura» del reino interior solo se manifiesta en la ausencia de la escritura («sin inscripción), de la historia («sin fecha») y del poder («sin corona»). Es una entelequia no representable excepto a través de la negación, que inmediatamente se abre otra vez hacia el abismo del soneto que sigue: «hasta el fondo de infectos lodazales», la versión casaliana del «hueco» en el centro de la correspondencias, en la red de analogías entre los textos del universo. En el ensayo de Octavio Paz, el «hueco» es de carácter ontológico. Según Paz, «En el centro de la analogía hay un hueco: la pluralidad de textos implica que no hay un texto original. Por ese hueco se precipitan y desaparecen, simultáneamente, la realidad del mundo y el sentido del lenguaje» (1989: 108). En la obra de Casal la precipitación hacia el vacío de la realidad y del «sentido del lenguaje» es también erótica. El «hueco» es también lo indecible de un erotismo diversamente figurado. La figuración oblicua del erotismo a su vez transforma la ontología en quehacer pragmático: por el «hueco» entra la crítica. En este contexto habría que situar el célebre «Nihilismo» de Casal, no únicamente como la ficha aislada del malestar existencial sino como parte de un vaivén de origen romántico entre la visión y su ruina, entre la luminosidad de la imagen, la encarnación de la metáfora, el baile de Salomé, y la gris metonimia de su representación.

El vacío ontológico que se abre con la clausura del *museo* y que culminará en «Nihilismo» tiene un paliativo en los sonetos de *Marfiles*, en el deseo de lo que Vitier llama «*lo otro*». Según Vitier, «*lo otro*» en Casal es «un *rumor* confuso que lo atrae», cuyo eco deja inscrito para que sea oído, o leído, como «un legado oculto y precioso». La «risa amarga» de Casal, dice Vitier, está hecha «para que *nosotros* podamos oírla» (1970: 314). «*Lo otro*» de Vitier es fenomenológico, constitutivo de un sujeto que apela al amigo, al crítico, a fin de cuentas al lector futuro. Podría añadirse que no se trata solo de una autodefinición de carácter ontológico lograda en virtud de ese «otro» sino de la crisis de un sujeto que reconoce su destino en la escritura. Su lugar no es el museo, ni siquiera su ruina, ni el interior opulento de una psiquis privilegiada sino la mesa de trabajo: «Alrededor de mi sencilla mesa / se encuentran mis papeles esparcidos» (1978: 49). En la obra de Casal, el nihilismo, el título del poema antológico de *Rimas,* no es simplemente la negación de la labor y el esfuerzo humanos. Al contrario, es la vuelta a la labor como único escape y único recurso del ser humano.

En la filosofía de Schopenhauer, el residuo de la actividad del sujeto es el nirvana de la contemplación estética. El nirvana de Schopenhauer no es el nihilismo del vacío existencial desolado. Es la pérdida de la ilusión de una modalidad positiva de la trascendencia y la revelación de una modalidad negativa del saber. En palabras que bien podrían decirse de Casal, dice Eagleton del filósofo del deseo: «Lo que parece desde un punto de vista como un escapismo irresponsable resulta ser, desde otro punto de vista, la última palabra del heroísmo moral» (1990: 170)[10].

En Casal, el vigor está en la letra, en su oscuro llamado; la decadencia, en el cuerpo y en su devoradora enfermedad. Pero los signos de la enfermedad y el sufrimiento no provocan solo al lamento de un inválido. El trabajo sobre la «sencilla mesa» transforma los síntomas de la enfermedad y los incorpora a la representación como símbolos de la desintegración implícita en el manejo de la letra. El poeta enfermo, física y moralmente según el diagnóstico de la época, avanza hacia la comprensión de la ambigüedad inherente a la relación del individuo y la sociedad donde forzosamente debe figurar. Casal transforma los síntomas de la enfermedad física en los símbolos de la enfermedad literaria (Biasin 1975). Se somete al diagnóstico letal y excluyente de los científicos y críticos del fin del siglo, y les contesta con la treta estética del débil. Por encima de la condena ajena y según su propia voluntad de sujeto estético, combina los síntomas de la enfermedad con los «extraños goces» y las miradas cómplices de su erotismo:

> Yo creo oír lejanas voces
> que, surgiendo de lo infinito,
> inícianme en extraños goces
> fuera del mundo en que me agito.

---

[10] Como se ha mencionado antes, Casal tuvo acceso al pensamiento de Schopenhauer en diversas versiones francesas, por ejemplo en sus *Pensées, maximes et fragments*, editado por Jean Bourdeau en 1880. La segunda edición de *Le monde comme volonté et représentation* se publicó en 1848. Véase Colin 1979.

Veo pupilas que en las brumas
dirígenme tiernas miradas,
como si de mis ansias sumas
ya se encontrasen apiadadas.

Y, a la muerte de estos crepúsculos,
siento, sumido en mortal calma,
vagos dolores en los músculos,
hondas tristezas en el alma. (1978: 255)

Según Biasin, la enfermedad representa el final de la objetividad y su alianza a la subjetividad. La enfermedad pone de manifiesto las contradicciones de toda relación entre el individuo y los otros (1975: 93). El secreto del erotismo en Casal complica la «alianza a la subjetividad» y transforma «las contradicciones de toda relación entre el individuo y los otros» en una continua ordalía, que sin embargo se recupera en la escritura erótica, en su insistente «mirada» y en su vuelta inexorable al cuerpo y sus síntomas. La escritura erótica de Casal maneja el temario de la decadencia, pero se anima de «la extraña salud de la expresión», cuya fuente es Baudelaire, según el comentario de su lector des Esseintes (Huysmans 1974: 185). Con Baudelaire el verso dejó de «pintar» para expresar los «estados mórbidos» de un interior diferente, y esa nueva expresión es paradójicamente saludable.

El sujeto visionario de Casal emite un llamado urgente que convida a compartir la comunidad de la letra. Las imágenes luminosas, extravagantes, mórbidas, del *museo* representan el preludio a ese llamado, no las preferencias exóticas de un enfermo y un marginado. Si Casal reconoce que la enfermedad y las penurias del vivir lo aplastan, su angustia no se representa en el canto torcido y jadeante, marcado aún por la frustración a mediatinta de un romanticismo de segunda mano. Para Casal «la misión del escritor» es rastrear el valor en lo transitorio y lo fugitivo que caracterizan la modernidad, representar, como «el pintor de la vida moderna» de Baudelaire, un residuo transitorio que «no tiene usted el derecho de menospreciar ni descartar»[11]. Si hay torres de marfil en su obra, Casal desciende de ellas, dejando la inscripción deliberada de su trayectoria, donde se transforma la función del poeta enérgica y vigorosamente como para contradecir la fatiga corporal que lo achacaba.

Al final de *Marfiles viejos*, el cuerpo enfermo del poeta se vale de un *yo* que se despoja de las ataduras al mundo sensorial que lo rodea. En «Tras una enfermedad», el poeta añora librarse del cuerpo y el «ojo visionario» de *Mi museo ideal* quiere ocultarse para no ver «la horrible Realidad que me contrista». El recorrido del sujeto en *Mi museo ideal* y *Marfiles viejos* culmina en el reconocimiento de una «horrible Realidad» que solo la fiebre pudiera ocultar. En el soneto final de la serie, «En un hospital», el poeta no se refugia lejos del mundo sino en otro mundo, donde culmina su peregrinación. En el contraste entre *Mi museo* y *Marfiles*, las dos hojas del díptico, los detalles clínicos de la enfermedad («Ni el peso de sus cálidas cadenas / Mi cuerpo débil sobre el lecho entume»), acompañan una percepción diferente de la «Realidad», garantizada por la transformación dolorosa del cuerpo propio y finalmente por el reconocimiento implícito del cuerpo ajeno. La bailarina que figura al final de *Marfiles* es la fiebre, que tal vez «con sus velos rojos / Oculte para siempre ante mi vista / la desnudez de la miseria humana», pero ya no se desean los poderes transformativos de su baile: «sus velos rojos» ya no ocultan, y el poeta reconoce «En un hospital» el refugio final, ni el palacio hebreo de Salomé, ni la ciudad en ruinas de Elena, sino un sitio nuevo, «Tabernáculo abierto de dolores», el último descanso de un sujeto cuya imagen final, su propio cuerpo, se deshace, pero no sin dejar un residuo legible.

---

[11] Baudelaire escribe en «Le peintre de la vie moderne» que la modernidad es «lo transitorio, lo fugitivo, lo contingente», como la moda o el peinado. Añade «cet élément transitoire, fugitif, dont les métamorphoses sont si fréquentes, vous n'avez pas le droit de le mépriser ou de vous en passer» (1961: 1163-1664). Evidentemente, los críticos de los decadentes, y de Casal y lo «superficial» del modernismo, sí menospreciaron «el elemento transitorio» de Baudelaire.

Así como se refracta el detalle figurativo en *Mi museo*, en los dos últimos sonetos de *Marfiles*, «Tras una enfermedad» y «En un hospital», se refractan los detalles biográficos, el mal pernicioso y la certidumbre de la muerte próxima. Los poemas de *Marfiles* no constituyen la antítesis del mundo de luz tamizada y pedrería de *Mi museo ideal*, como si ambos presentaran propuestas exclusivas y contradictorias, como si el uno fuera «superficial» y el otro «sincero». Al contrario, al final de *Marfiles viejos* concluye la anatomía de la representación que comienza en el «Vestíbulo» de *Mi museo ideal*. El poeta pasa por el mundo luminoso, lumínico diría Casal, de *Mi museo*, en el cual se destaca la imagen laureada de Moreau, rey-Dios de lo estético. Frente a la grandeza del pintor, la imagen del poeta se reduce, para surgir en *Marfiles viejos* como el poeta-niño, que se distancia de los valores poéticos asociados con Moreau, la Fama, la Belleza, y el Genio: «Que ni lauros, ni honores, ni diademas / Turban de mi alma las dormidas ondas»[12]. El hospital del último soneto de la serie no es solo el sitio de los enfermos. Es el *brave new world* de la ciudad moderna. «Plácenme tus sombríos corredores», dice Casal del hospital, igual que más tarde dirá de la ciudad en los tercetos de «En el campo»: «Plácenme los sombríos arrabales / Que encierran las vetustas capitales». El hospital es el lugar del otro y la cifra de la ciudad entera, el *locus* de la modernidad y del sujeto que la representa.

Si el *museo* es el reino de lo estético, sus representaciones tan vistosas como letales destierran al poeta, situado fuera del marco de sus «cuadros». En *Marfiles viejos* el poeta asume su destierro, se aparta de un pasado que ya no lo sustenta («Del pasado no llevo las señales») y se sitúa en un mundo nuevo terrible, sin apoteosis posible, un «Paisaje Espiritual» desolado, «glacial». En su proyecto terrible, el poeta cierra los ojos a la luz y «percibe» con el oído, sin dejar de añorar el «calor de las almas fraternales» (147). Su recorrido termina «En un hospital», el lugar de refugio cuando el «ensueño» del Arte

---

[12] «Al Juez Supremo», *Nieve* (1978: 147).

se hace «hojarasca». Al final de la serie, la primera persona señala su contrario en la personificación del hospital, a quien se dirige:

> pienso que tú serás la firme costa
> donde podré encontrar seguro asilo
> en la hora fatal de la borrasca. (1978: 152)

El hospital personificado es el «amigo» y el «crítico» de los otros sonetos. La representación final de ese «tú» es más poderosa que la creación de una subjetividad de estirpe romántica, limitada por el interior opulento, decorado con los «objetos artísticos» que se vendían por gruesa en La Habana de la Derrochadora. En la ciudad utilitaria finisecular, el interior psíquico, el lugar de la «neurosis moderna», no está libre de las leyes del consumo. Los objetos que lo amueblan también tienen su precio, como el azúcar que se amargaba en los almacenes de la colonia.

«En la hora fatal de la borrasca», más que la integridad del sujeto perdura el cariño del verso de la «Oda a Julián del Casal» de Lezama. El «escandaloso cariño» de la oda ilumina el residuo de las imágenes que se han gastado como para garantizar la llegada de su destello remoto. A medida que se desgasta el poder representativo de la imagen, la mirada erótica compartida transforma el cuerpo deshecho en cifra legible, redimible en los rituales de la lectura, y de la escritura.

4. «Horridum somnium»: La pesadilla del cuerpo lascivo

El marco final del *museo* es una fosa. En su borde «atónita descubre la mirada / la blancura amarilla de los huesos». La imagen estética perseguida solo deja «huellas» y «rasgos». Su presencia fugaz prefigura el «hueco» de su ausencia. El vacío que surge de toda representación de la imagen se suplementa en *Marfiles* con el llamado al amigo, al «tú» de «En un hospital», cuyo eco perdura una vez cerrado «el volumen» mencionado en la «Introducción» a *Nieve*: «estas frías estrofas descendieron / de mi lóbrega mente visionaria, / al pie de mi existencia se fundieron, / llegaron en volumen a formarse» (1978: 91), en el doble sentido de «formar un libro» y «cobrar cuerpo». Cerrado el volumen, perdura el cariño del verso de Lezama, el legado aurático del volumen cerrado, por cuyas páginas pasaron las imágenes en su desfile vistoso y letal, irguiéndose sobre los cuerpos que alimentan su presencia luminosa. El loto-lirio erguido de Salomé-Elena representa hieráticamente el momento triunfal y fugaz de la imagen que se desgasta para poder brillar. *Nieve* es el triunfo y la fuga de la imagen estética, elaborada sobre la ruina del cuerpo. Salomé, sin embargo, «huye» y cede su lugar a otras imágenes que la reemplazan. En los sonetos del *museo* su baile hechizante y letal inicia el desfile de imágenes a través de los sonetos-marcos. En el quehacer poético representado al margen del cuadro, o en las mismas filigranas de su diseño para ampliar la metáfora, se figura también el desgaste erótico del deseo.

La pugna entre la imagen y su representación finalmente borra el llamado fraternal de *Marfiles* y estructura los poemas restantes de *Nieve*. La relación entre la pintura y la escritura no concluye con el *museo*. Su insistencia es evidente en casi todos los títulos del resto del volumen: «Ante el retrato de Juana Samary», «Camafeo», «Blanco y negro», «Kakemono», «Paisaje de verano», «Al carbón», «Medallón». Tampoco se debe olvidar el impulso autorrepresentativo del libro, enunciado explícitamente en los sonetos de *Marfiles viejos*. «Enviándole mi retrato», dice el subtítulo de uno de sus sonetos. La representación de la imagen ajena se superpone a la representación de la propia en el poema final de *Nieve*, «Horridum somnium» (186-189). En el marco del *museo*, el cuerpo de Salomé se reduce a un dintorno de luz y pedrería. En el marco de la fosa en «Horridum somnium», el cuerpo del poeta se transforma en la imagen visionaria y profética de la putrefacción de la carne.

La corrupción de la carne es un tema clásico particularmente fecundo entre los poetas barrocos. Por ejemplo, la Duquesa de Lerma en el soneto de Góngora «es hoy entre cenizas un gusano»:

Los huesos que hoy este sepulcro encierra,
a no estar entre aromas orientales,
mortales señas dieran de mortales;
la razón abra lo que el mármol cierra. (Góngora 1985: 207)

En el soneto gongorino, la corrupción, a pesar de que no deja de contaminar al poeta, se representa en la imagen señalada y encerrada en el mausoleo, la metáfora del espacio poético «tallado», abierto por el ingenio del poeta que encadena las imágenes mortuorias. En otro momento de la tradición, la imagen de la mujer muerta es ubicua en la obra de los post-románticos franceses y los prerrafaelistas ingleses, donde oscila entre el sentimentalismo y la representación de una belleza novedosa y hierática. Según Marjorie Garber, la fascinación por la mujer muerta o transformada en artefacto es tradicional en las literaturas occidentales, al menos desde Petrarca (1985: 207). En los poemas de Casal, la representación convencional de la mujer muerta es correlativa a la representación de la muerte del poeta, en «Fatuidad póstuma» de *Hojas al viento*, por ejemplo. «Horridum somnium», el poema final de *Nieve*, es el resumen de la ruta que ha recorrido el poeta y la suma de las imágenes que lo han visitado en un «fúnebre cuadro» cuyo tema es la corrupción del cuerpo y la transformación del mismo en imagen.

Desde la primera estrofa de «Horridum Somnium» la corrupción del cuerpo se relaciona explícitamente con el «ensueño». Si la visión y el ensueño son privilegios del poeta, el privilegio tiene su precio: el cuerpo de cuya corrupción se nutre lo visionario. A través del poema el cuerpo aparece encerrado, o enmarcado, en una serie de lugares que aluden al museo-mausoleo que centra el volumen: «el hosco negror del sepulcro», «cripta negra en que duerme el deseo», «fétido foso». En el bestiario de Casal se destacan los insectos, que a través de su obra se transforman en «enjambre» de «quimeras», es decir, en representaciones de imágenes que giran vertiginosamente en la mente del poeta en una versión subjetiva del vértigo de la Derrochadora. En uno de los primeros poemas que Casal publicó, «Amor en el claustro», surge el «áureo enjambre de fúlgidas quimeras» (1978: 12), que reaparece a través de sus poemas alternando su significado literal, enjambre de insectos, con su representación metafórica, enjambre de ensueños o de visiones de carácter psíquico: el «enjambre incesante de ensueños» de «Horridum somnium». El enjambre es la imagen de la corrupción del *museo* y de la fragmentación característica de un estado psíquico que culmina en la «pesadilla horrenda» al final de *Nieve*.

En el *museo*, la fragmentación de la imagen garantiza el despliegue necesario para cubrir las paredes de la galería con los cuadros de Moreau. La pedrería que reemplaza el cuerpo huidizo de Salomé es a su vez reemplazada por las «gotas carmesíes» que caen de la cabeza decapitada del profeta. La fragmentación de la imagen garantiza la substitución necesaria para que avance la serie, y a la vez representa la dispersión de la luz característica del *museo,* y de la pintura de Moreau. La dispersión garantiza la luminosidad de la imagen y su transformación en la «visión lumínica de plata» de «Una peri», «retratada en la fúlgida marea» (1978: 121). En «Horridum somnium» el referente inmediato de la fragmentación de la imagen es el cuerpo del poeta, enmarcado «en la fría blancura del lecho» donde lo visitan por última vez las imágenes del *museo*, como si las sábanas del lecho fueran el último lienzo por pintar.

Si los «sonidos en el color / colores en el sonido» de «La canción de la morfina» son una versión bastante mecánica de la sinestesia de Baudelaire, en «Horridum somnium» la sinestesia centra una representación compleja, un reto escrito al colorido de la pintura, cuya meta y cuyo móvil es el deseo. La luz penetra en el espacio encerrado que contiene el cuerpo y se percibe como si fuera un sonido, que a su vez se transforma en «la dicha» de las visiones, sucedáneas del «deseo» dormido:

> Cual penetran los rayos de luna,
> por la escala sonora del viento,

en el hosco negror del sepulcro
donde yace amarillo esqueleto,
tal desciende la dicha celeste,
en las alas de fúlgidos sueños,
hasta el fondo glacial de mi alma,
cripta negra en que duerme el deseo. (1978: 186)

Varona tenía toda la razón: aquí no se ve nada, que es otra forma de decir que se ve demasiado. De hecho, lo que sucede es que no se apela al contorno de la imagen clásica sino a los colores, el único elemento que la pintura le roba a lo real. La escritura carece de todos, espesor, color, dimensión, textura; en cambio, se desquita en la superposición polisémica, en su «dicha celeste». El encierro del cuerpo y la clausura de su deseo conducen al catálogo visionario del contenido del *museo*, «las castas bellezas marmóreas / que, ceñidos de joyas los cuerpos / y una flor elevada en las manos / colorea entre eriales roqueños / el divino Moreau». Sigue inmediatamente otra cita: «cual *flores del mal*». En el poema final de *Nieve* se identifican sin ambages, sin pena ninguna diría uno en buen cubano, las fuentes de las visiones del poeta: Baudelaire, Moreau y la tradición pictórico-literaria del xix.

En «Horridum somnium», las «bellezas marmóreas» que desfilan por la imaginación del poeta parecen haber salido de un cuadro de Moreau. La luz del poema es la luz dispersa de Moreau y de los pintores simbolistas, que rechazan la pesantez del cuerpo barroco y el drama del claroscuro, anunciando la luz difusa y la transparencia de la carne de los impresionistas. Es significativo por lo tanto que en «Horridum somnium» la transición a la representación del cuerpo del poeta se inicie bajo la égida de Rembrandt y que se mencione precisamente la oscuridad característica de su obra: «no ha trazado tu pincel otro cuadro más negro». En la recuperación de la luz barroca, que brilla al borde oscuro de su propia ausencia, se borran las imágenes estéticas del *museo*. En el drama del claroscuro barroco surge el cuerpo cuya corrupción es el tema central del resto del poema.

Del «lecho» el cuerpo pasa al «foso», acompañado de «los cuervos», las aves tutelares de todo el volumen.

En la nueva luz, la descomposición del cuerpo se presenta como si fuera una pintura, pero una pintura no centrada en la imagen sino literalmente destilada en colores, como si correspondiera ya no a Rembrandt sino al expresionismo abstracto de mediados del siglo xx. Para representar la corrupción del cuerpo, la técnica pictórica de Casal lo lleva, en insólita profecía, a reproducir el caos lúcido de la paleta de un pintor abstracto:

> yo sentí deshacerse mis miembros,
> entre chorros de sangre violácea,
> sobre capas humeantes de cieno,
> en viscoso licor amarillo
> que goteaban mis lívidos huesos. (1978: 188)

Los insectos reaparecen para devorar «mi cuerpo» en una versión grotesca del suplicio de Prometeo. A medida que avanza el poema, el cuerpo finalmente se «retrata» literalmente de la cabeza a los pies, pero el resultado no es la imagen centralizadora del autorretrato sino la fragmentación que se inicia en el *museo* y que ahora se cumple en la representación de un cuerpo deshecho y «deforme», que se centra fugazmente en la cabeza de Medusa antes de derretirse en los colores que la componen.

En las *Metamorfosis* de Ovidio, las serpientes cubren la cabeza de Medusa, cuya sangre a su vez se transforma en sierpes al caer sobre la arena. En Casal la imagen final de la Medusa decapitada cierra el volumen y corresponde a otra cabeza decapitada, la del Profeta en «La Aparición», cuyas «gotas carmesíes» manchan el mármol del palacio de Herodes. La dispersión del cuerpo se centra en la imagen terrible que reúne las miradas fulminantes del *museo*, la cabeza del Bautista, las gotas de sangre que se transforman en sierpes y el rostro del poeta, que se convierte en una imagen andrógina y grotesca. La psicología popular tal vez diría que se trata de la represión de lo sexual a favor de una sublimación estética. Sin embargo, el corte sobre el sexo-rostro («clava», «roe») no lo destierra de la representación, más bien lo señala en toda su extravagancia de «flor letal», como la del «amante de las torturas».

La cabeza, el centro de la subjetividad, igualmente centra la imagen de la Medusa, donde el rostro y el sexo se funden para representar una nueva «naturaleza». La transformación es análoga a la «idealización» en *A Rebours*, donde el cuerpo de Salomé se vacía, expulsando la materia, para dar lugar al «espíritu» que reemplaza la naturaleza pero que es a su vez una naturaleza horrenda. Pero el rostro aquí ya no es la imagen fastuosa y huidiza del *museo*. Es la faz del poeta, transformado en la Medusa de mirada fulminante:

> De mi cráneo, que un globo formaba
> erizado de rojos cabellos,
> descendían al rostro deforme
> saboreando el licor purulento,
> largas sierpes de piel solferina
> que llegaban al borde del pecho
> donde un cuervo de pico acerado
> implacable roíame el sexo. (1978: 188)

El «sexo roído» sugiere la castración, el sacrificio que garantiza la imagen monstruosa del poeta; sin embargo, sugiere también una felación violenta, eco del llamado al amigo en *Marfiles viejos*: «clava en mi rostro tu mirada fría / como su pico el pájaro en el fruto» (1978: 139). En torno a la imagen del poeta transformado en Medusa ronda lo indecible de un erotismo innombrable, excepto en el insulto callejero, («maricones», dice Pedro Giralt), excepto en las definiciones absurdas de las pseudo-ciencias de la época y en la ley que condena a los «abortos de la infamia», en la frase del Dr. Céspedes. «Hay un límite que no debe salvar ningún artista», dijo Varona de «Horridum Somnium», ejemplo no solo de «lo feo» sino de «lo nauseabundo»

(1978, 2: 439). La voz lírica de Casal no solo cruzó los límites de la decencia; cruzó también los límites del buen sentido para insinuar lo que no tenía nombre. No en balde su transgresión provocó el disgusto y finalmente el horror de Varona y sus seguidores. A la luz de la imagen insólita del «señor del sexo roído», como se le llamó en un «estudio crítico» de la época, deben ahora situarse las «ternuras y delicadezas femeninas» atribuidas a Casal, y «la exagerada diferenciación de su instinto varonil»[13]. Estos y otros comentarios comparten la franqueza de su homofobia. Casal no respondió directamente a ningún insulto. En cambio, su obra incorpora el pánico homofóbico ajeno en una representación que junto a la ubicua enfermedad, también devora el cuerpo. Sin embargo, la representación estética del erotismo indecible es paliativa, puesto que su poder, el peso erótico de su manejo de la letra y de su energía figurativa, es superior a la taxonomía opresiva del deseo ajeno, no porque esa taxonomía sea simplemente irrisoria sino porque precisamente todavía es terrible y letal.

La transformación del cuerpo y del rostro en una naturaleza horrenda ocurre dentro del marco del «foso». En el borde del marco, «Junto al foso», surgen «grupos de impuras mujeres» y «aterrados mancebos, / retorcían los cuerpos lascivos». La nueva naturaleza representada por el rostro grotesco provoca un erotismo terrible, cuyo centro es la cabeza decapitada y el sexo roído, «fundidos» en la imagen de un «rostro deforme», que parece compartir el erotismo de esos «cuerpos lascivos exhalando alaridos siniestros».

Concluye la descripción del «cuadro», pero no el poema, que continúa en una coda donde la mirada del poeta ahora distancia la visión del cuerpo transformado: «he mirado este fúnebre cuadro». El poeta de las últimas estrofas ya no es la Gorgona decapitada. Es

---

[13] Las tres citas corresponden, respectivamente a *César de Guanabacoa* (Ciriaco Sos y Gautrau), *Julián del Casal, o un falsario de la rima* (1893, La Habana), reproducido en Casal 1963a: 400; Ricardo del Monte, «Mi deuda», en Casal 1978, 2: 404-410; y Mario Cabrera Saqui, «Julián del Casal», también en 1963a: 265-287.

el poeta que apela al «Dios de mi infancia», a quien se dirige en una serie de preguntas sobre «el ensueño pasado» e implícitamente sobre el poema que acaba de concluir: «¿será sólo el ensueño pasado / el que logre palpar mi deseo en la triste jornada terrestre?». La pregunta ontológica que se superpone al «cuadro», distánciandose de su visión aterradora, es retórica. Expresa la incertidumbre epistemológica característica de Casal, de hecho constituyente del atractivo de su texto. La pregunta contiene dos respuestas evidentes: 1) No, «el ensueño» no «palpa» «mi deseo», literalmente, el poema no toca mi cuerpo, no lo marca estéticamente con su contacto erótico, y en tal caso no hay poema que valga. 2) Sí, entonces solo «el ensueño» del poema importa y todo es escritura y representación. La única solución es simplemente no responder a la pregunta y seguir escribiendo, volver a la «sencilla mesa». Algunos de los frutos de esta labor, la labor de la Gorgona expulsada del «monumento nacional», se publicarán postumamente en *Rimas*, donde surge errática pero insistentemente la retórica magistral del último Casal. Con el antológico «En el campo», Casal regresa a la naturaleza y la reescribe definitivamente en su propia imagen.

VI.
INVERTIR (EN) LA ESTÉTICA

«En el campo» es uno de los poemas más conocidos de Casal. No falta nunca en las selecciones que se han hecho de su obra y se ha incluido en varias antologías del modernismo. En la historia literaria, el poema es representativo del triunfo de lo artificial sobre lo natural, uno de los consabidos tópicos del fin de siglo XIX, del modernismo y por supuesto de la obra de Casal, donde además la preferencia por lo artificial es inseparable de lo erótico. Dice Bellini: «En el poema "En el campo", manifiesta su inclinación hacia un mundo conocedor del pecado, transido de sensualidad» (1985: 28). El comentario ilustra el carácter transgresor del erotismo de Casal, incluso cuando se manifiesta de manera oblicua. En las secciones anteriores he propuesto una relectura de la «inclinación» erótica de Casal, tan mencionada y tan pasajeramente investigada. «En el campo» se sitúa en el quid de la cuestión. Fue el primer poema de Casal que leí. Ahora su relectura servirá de conclusión a estas páginas.

Vale la pena repetir que toda crítica es una relectura, la creación de un contexto donde no basta señalar un significado u otro. No hay crítica sin el deseo de abrir un espacio donde las contradicciones representadas en cualquier texto revelen algo de su constitución y su origen. Decir que Casal rechazó la naturaleza a favor del artificio, o en otra fórmula frecuente, que rechazó lo real a favor del arte, es parafrasear el poema. La relectura pregunta qué significa ese rechazo, en el momento de Casal, en las lecturas posteriores: ¿cómo se representa en el poema y cómo se relaciona esa representación con su erotismo? Esta sección final parte del poema antológico y mira retrospectivamente hacia el territorio recorrido para ventilar estas preguntas y para sugerir otras que asomen por la ruta.

1. Natural / artificial

En las «Lecciones» de Cintio Vitier sobre la poesía cubana, la representación de la naturaleza insular es uno de los temas centrales de «lo cubano». Desde que Silvestre de Balboa hizo que la ninfas de los bosques de su poema épico, *Espejo de paciencia* (1608), cargaran bateas de «tabaco, mameyes, piñas, tunas y aguacates, plátanos y mamones y tomates», la naturaleza insular anima el guateque renacentista del célebre poema. El poema de Balboa funda una poética insular diferente, de tono menor, graciosa y atenta al espíritu del lugar. Sobre la imagen desconcertante, casi sarduyana, de «las hermosas oréades», que ofrecen «iguanas, patos y jutías», funda Vitier «lo cubano» que tan genialmente rastrea (1970: 68-71).

En el siglo XIX, la representación de la naturaleza criolla, aunque se hiciera en la métrica del imperio, fue una afrenta que pagaron muchos con el exilio y la muerte. En sus comentarios sobre Heredia, Vitier se refiere a ciertos «rasgos precasalianos», «a una especie de *vínculo solar* con su patria» (1970: 83). Sin embargo, cuando se llega por fin a Casal parece como si se nublara «ese sol del mundo moral» de Vitier y se entrara en una anti-natura de contornos borrosos: «y a este sol que ilumina las edades / prefiero yo del gas las claridades» (1978: 251). Reiterar el tema del rechazo de la naturaleza clausura la posibilidad de indagar sobre el complejo y deliberado viraje de Casal. Tampoco lo explican sus lecturas francesas, que le sugirieron los temas y alternativas estéticas conocidos, pero que evidentemente no lo apartan de un idioma arraigado en la tradición local[1]. Vitier señala el umbral del llamado rechazo casaliano por lo natural, mar-

---

[1] Sobre las fuentes del tema de lo artificial en Casal, véase Clay Méndez 1979: 155-168.

cado por una «intensa fijación erótica», pero se aparta del tema, al igual que en el ensayo de Lezama se pasa del erotismo de Casal a la oposición entre dandysmo y esteticismo. Como se vio en el primer capítulo, en el ensayo de Lezama el esteticismo de Casal se asocia al erotismo que anima su signo poético, pero finalmente se reduce frente a la dimensión ética y cristiana del dandysmo de Baudelaire, «que nunca ha dejado de ser un cristiano jansenista», afirma Lezama. Continúa Lezama: «Mientras el *dandysmo* termina en Charles Baudelaire, buscando el paraíso revelado y las reducciones del pecado original, el esteticismo [de Casal] culmina en las vitrinas, en las colecciones de ídolos muertos, de materia que no quiere ser firmada, que no marcha hacia nosotros» (1977: 90-91). El secreto de Casal tampoco «quiere ser firmado», y no solo no marcha hacia Lezama sino que le vira la espalda.

La energía crítica de *Lo cubano* de Vitier se nutre de la crisis vital y simbólica del Martí del *Diario*, donde parece que en el paisaje, el signo y el cuerpo se hacen uno, quizá por última vez en lengua castellana y por primera vez desde los místicos. Martí quiere salir del mundo por «la puerta natural» y registra su asombro al encontrarla del otro lado de la isla, por Oriente, donde todavía hay bosque, o mejor dicho, donde está la manigua cubana. En La Habana de marineros y hetairas de Casal, y en las afueras que visitó, no hubo paisaje, solo el verde monótono del campo industrializado. La «puerta» de Casal, su entrada en lo simbólico, es oblicua, como su erotismo. Sus contemporáneos tildaron esa entrada, y el erotismo que la animó, de artificiosa, anti-cubana y anti-natural.

Subsecuentemente, la crítica ha tomado el tema del rechazo de la naturaleza en Casal al pie de la letra. El comentario siguiente sobre «En el campo» sintetiza la evaluación generalizada del «desvío» casaliano:

> En este desvío del campo, hay vivo un terrible sentimiento de su inferioridad natural, de su incapacidad absoluta de latir con el alma

del paisaje, por la gradual disminución de sus potencias vitales. (Portuondo 1937: 80)

En el «desvío» de Casal, en su «inferioridad natural», asoma la anomalía de su erotismo, respaldado por su evidente decadencia física. Su refugio en el arte y la «inversión de valores» de «En el campo» manifiestan la estrategia desesperada de un espíritu aberrante, aferrado «a la estética de lo artificial» (Duplessis 1945: 268). Sin embargo, al representar su desvío, el texto de Casal lo afirma como la posibilidad estética de representar el reclamo del cuerpo, la tiranía del deseo, y la incertidumbre del valor estético. Su texto afirma negando y niega afirmando en el vaivén ilógico característico de la modernidad literaria. Por eso no es cuestión de una inversión de valores sino del cuestionamiento del valor mismo. El «desvío» de Casal desarma la petición de principio del argumento «naturista» en la progresión de contrarios que atraviesa su obra y que se sintetiza en los tercetos de «En el campo» (1978: 251-252), en sus comparaciones y redefiniciones del valor estético, no en el rechazo de un temario u otro. No hay rechazo, por ejemplo, en estos versos:

> El rocío que brilla en la montaña
> no ha podido decir a mi alma extraña
> lo que el llanto al bañar una pestaña. (1978: 252)

Hay un «poder decir» en la alucinante superposición de imágenes. La negación orienta y garantiza su despliegue. No se rechaza la una a favor de la otra, como en la romana del tendero. En «el rocío que brilla en la montaña», el punto brillante se dilata en el panorama del paisaje, para volver al detallismo, al *close-up* del «llanto al bañar una pestaña». Agrandar/reducir, delinear/borrar, sugerir/clausurar forman parte de la técnica pictórica de Casal, no de una ideología anti-natura unívoca, sin pliegues ni dobleces.

2. La mirada envolvente

En la obra de Casal, la naturaleza dice de manera diferente y ese decir se representa en las múltiples imágenes del cuerpo que baila y señala (Salomé), del cuerpo propio, desmantelado en «Horridum Somnium», el cuerpo ajeno del lector Urbina, el cuerpo del amigo, o la coreografía de los «símbolos vivientes» del circo. La correspondencia entre lo propio y lo ajeno, mediatizada no solo por la imagen corporal sino por toda imagen que cobre cuerpo en la escritura, define el erotismo de Casal y representa su secreto. Recordemos los «Rondeles»:

> Quizás sepas algún día
> el secreto de mis males,
> de mi honda melancolía
> y de mis tedios mortales. (1978: 209)

Lo que no se dice del erotismo se insinúa en la lujuria/lujo de las imágenes corporales, en la envoltura del cuerpo, en la rica temática de la tela y la joya, tildada de superficial durante un siglo de lecturas repetitivas. En la maestría de los últimos versos de Casal se revelan los mecanismos de su compleja representación. La mirada erótica cubre la naturaleza y la envuelve. No se representa la naturaleza, puesto que su representación pertenece a la tradición agotada del paisajismo y el siboneysmo, la versión cubana del «indianismo» post-romántico americano.

En la escritura de Casal, el paisaje no vale por sí solo sino que se cubre con la envoltura de la representación. Al paisaje solo lo anima la voluntad creadora del sujeto, el que dispone y adorna los pliegues de un tejido seductor, como en «Tardes de lluvia»:

> Todo parece que agoniza
> y que se envuelve lo creado
> en un sudario de ceniza
> por la llovizna adiamantado. (1978: 255)

Si aparece la muerte en el «sudario de ceniza», enseguida se distancia de la elegía post-romántica para transformar lo natural en artificio, «la llovizna» en la joya que todo lo cubre: «un sudario de ceniza por la llovizna adiamantado».

Se trata de una representación de la naturaleza de carácter impresionista, en el sentido pictórico de la palabra, aunque Casal no haya visto uno de sus cuadros. En «Tardes de lluvia», la llovizna fragmenta la luz «de los faroles encendidos» y transforma el paisaje en un «sudario de ceniza». En sus poemas finales, Casal se distancia de la pintura de Moreau y pinta con palabras lo que jamás se podría pintar en el trópico: un cuadro impresionista. Muchos años después de su muerte, su sobrina, la célebre pintora Amelia Peláez, diría que en el trópico no hay impresionismo puesto que «la luz solar es tan deslumbrante que la atmósfera no se ve»; en cambio, la intensa luminosidad tropical hace que «las imágenes tiemblen ante nuestra mirada» (en Seoane Gallo 1987: 9). Con la libertad que le ofrece la palabra, Casal reconstruye y superpone las dos visiones, la tropical en «las islas de fuego en mares azulados» de «Idilio realista», y luego la impresionista en la llovizna del parque de «Tardes de lluvia». Lo que anima los «cuadros» de Casal es la cercanía del sujeto erótico, recreado no en su propia imagen sino en una serie desconcertante de representaciones que se superponen, que casi borran el rostro original, desfigurándolo.

Como en «Tardes de lluvia» y otros poemas de *Rimas*, «En el campo» representa el vaivén entre lo natural y lo creado. La primera persona que abre el poema («Tengo el impuro amor») marca enfáticamente la participación del sujeto estético y erótico, cuya presencia garantiza la representación y a la vez se encarga de borrarla. La lluvia de «Tardes de lluvia» «abrillanta» y deslava, como en una acuarela de Moreau precursora del colorismo abstracto de la pintura del xx:

>Abrilléntanse los laureles,
>y en la arena de los jardines
>sangran corolas de claveles,
>nievan pétalos de jazmines. (1978: 254)

En el contexto de «Tardes», «lo creado» es lo pintado y esa imagen se deshace para abrir paso a las sensaciones del cuerpo, enunciadas por un «yo» tan vago como el contorno que lo rodea: «Yo creo oír lejanas voces», «Veo pupilas en las brumas». Al final del poema, todo es mirada, todo es envolvente y erótico. El dolor del cuerpo, inicialmente afianzado en su referente, invade todo el espacio que abre el poema. El dolor finalmente no representa el cuerpo sino que lo dilata y lo erotiza: «Y, a la muerte de estos crepúsculos, / siento, sumido en mortal calma, / vagos dolores en los músculos, / hondas tristezas en el alma». No se trata de la célebre *pathetic fallacy* de Ruskin, la proyección poética sobre la naturaleza de las emociones humanas, sino de la incorporación de la naturaleza (crepúsculos/músculos), la transformación de la naturaleza en un cuerpo que abandona sus contornos, que se sale de su límite para dilatarse.

Como ya se ha dicho, Vitier menciona ciertos rasgos precasalianos en la poesía de Heredia, particularmente la interiorización del paisaje. El contraste con Heredia es esclarecedor, pues en la poesía de Casal y de los modernistas no se trata únicamente de la interiorización romántica del paisaje ya lograda no solo en Heredia sino también en el *Martín Fierro* por ejemplo, salvando por supuesto las diferencias históricas y temáticas evidentes. En Casal y en los modernistas es cuestión más bien de la indeterminación subjetiva del paisaje, de su representación y su clausura a favor de un cuerpo que surge y se borra en un vaivén característico. Según Vitier, en Heredia ya los dioses mitológicos, tan graciosos en su tráfico con la flora y fauna cubanos en el poema de Silvestre de Balboa, se han fugado y el nuevo mito es la libertad. En Casal, el nuevo mito es el sujeto erótico.

En las reseñas de Varona sobre la obra de Casal, se equipara «naturaleza» y «realidad circundante». Al rechazarlas ambas, el poema se sitúa del otro lado del consabido paradigma, en el sector de lo anormal, lo exótico y lo erótico. Se trata de un «mal» semiótico y cultural, como dice Varona: por una parte, la pérdida del sentido; por otra, la mala administración del capital cultural nacional. También se trata de un «mal» de carácter erótico, un desvío y un desgaste del buen sentido del cuerpo, confirmado por las reiteradas alusiones a la sexualidad anómala de Casal, por su rechazo literario de la mujer, por su amistad sincera, pero distante, con algunas de ellas, por su timidez «femenina», por la admiración casi pueril que expresa por personajes masculinos autoritarios, como Moreau, Antonio Maceo y Esteban Borrero[2].

La otra cara de la relación asimétrica con estos personajes masculinos es la posibilidad de una relación simétrica con el amigo y lector, o la amiga y lectora, en más de una ocasión. Como se vio anteriormente, Luis Urbina describe su percepción estética, erótica y fraternal de la obra de Casal, que a su vez había escrito al poeta mexicano: «me parece que somos hermanos desconocidos pero que, desde lejos, nos podemos amar» (1978, G2: 150). En «A un amigo», el amigo es también lector: «abre ese libro de inmortales hojas», de quien «te enseñará, rimando sus congojas». En «Al mismo», cuyo subtítulo es «Enviándole mi retrato», la relación especular se torna letal: «clava en mi rostro tu mirada fría / como su pico el pájaro en el fruto». El amigo es el precursor del cuervo roedor de «Horridum somnium», apoteosis del «retrato» enviado, la imagen de la autoinmolación del *yo*, cuyo cuerpo se deshace en la fosa y a la vez se duplica en los «cuerpos lascivos» que la rodean. La pregunta dirigida al «Dios de mi infancia» de la coda final de «Horridum somnium» solo realza la violencia del erotismo de «este fúnebre cuadro» que resurge «a mis ojos abiertos». El residuo de las superposiciones y correspondencias de la imagen propia y la del otro, el amigo, el crítico, el lector, es la representación de la ternura y la violencia de lo erótico: por una parte, «desde lejos nos podemos amar»; por la otra, «clava en mi rostro tu mirada fría / como su pico el pájaro en el fruto».

---

[2] Sobre Casal y los Borrero, véase Glickman 1978, 2: 362-367 y Armas 1981: 193-202. Sobre el intercambio entre Casal y Maceo, Armas 1981: 129-133, y Montero 2001.

3. Interior / exterior

En un plano temático, «En el campo» parece ratificar el rechazo de la naturaleza, y por lo tanto de la realidad nacional, y afirma la autonomía radical, y por lo tanto la relativa inconsecuencia del objeto estético y del signo poético que lo constituye. Pero semejante marginación es el producto de una lectura apoyada en un consabido binarismo. Una dependencia paralela en dicotomías enemistadas se encuentra en el anecdotario biográfico de Casal, donde las imágenes fuertes, las que constituyen su mito, son todas interiores. «El arte del interior urbano» en la obra de Casal supone la distancia entre el lugar del sujeto, «un espacio interior psicológico», y «la realidad exterior» (Pearsall 1984: 19). Si la distancia de la imagen de «la realidad exterior» se postula *a priori* como algo negativo, sucede entonces que el espacio interior en efecto se cierra sobre sí mismo en un «solipsismo gélido» y una «desintegración psíquica», para citar de nuevo el estudio de Pearsall.

El denominador común del «reino interior» en la obra de Casal, *museo* o psique, es el erotismo, que se representa como carencia y encierro. En la obra de Casal la «distancia» entre el objeto creado y la realidad, que por supuesto incluye la realidad borrosa y problemática de su propia sexualidad, no es ontológica, es pragmática. Finalmente no hay tal «distancia», sino el circuito necesario de la representación de lo erótico en el contexto de una «realidad» parcelada y definida por los doctores, los sociólogos, los críticos, en fin, los hombres de letras del fin de siglo.

En una conocida anécdota sobre Casal, el poeta languidece en el interior oriental de su buhardilla; amenaza con salir a la calle vestido de kimono y tienen los amigos que obligarlo a cambiar de parecer. Lo que probablemente fue una broma de Casal, o un gesto precursor del «camp» en el círculo de sus amigos, se ha convertido en un dato reiterado de su biografía, donde triunfa el buen sentido de los amigos sobre la extravagancia de Casal, que pretende salir a la calle vestido como la cubana-japonesa del célebre «Kakemono», para hacer público un «desvío» que debe reservarse para el interior, protegido por los amigos sensatos.

La anécdota sobre el disfraz de Casal y otras tantas provienen del muy citado estudio biográfico de Ramón Meza. Meza llega a culpar sus lecturas con Casal y sus amigos por la enfermedad y la «neurosis» que sufrieron: «Todos pagamos nuestro tributo de salud al afán inmoderado, a la fiebre de lectura» (1910: 17). En la lectura fundadora de Meza se encuentran casi todos los temas anecdóticos asociados con la persona poética de Casal, cuya enfermedad parece respaldar la transformación del detalle anecdótico en mitología, en «urdidumbre de invenciones», rectifica Esperanza Figueroa (1974). Según Meza, el exceso de lectura, específicamente la lectura de los «decadentes» europeos, se paga con la salud y en todo caso contituye un desvío de lo normal. «El goce preferente por lo repugnante, por lo corrupto, ¿es goce o desvarío?», pregunta Meza en su estudio. No tiene que responder que se trata de «goce» y «desvarío». Su pregunta es ya una forma de afirmarlo y a la vez de distanciarse de la heterodoxia estética, e implícitamente erótica, de Casal. Las imágenes del poeta en el interior oriental, envuelto en el kimono, lánguido como la Noemí de «Neurosis», obligado a permanecer en el interior por la buena intención de sus amigos, han sido tan fuertes que opacan o clausuran otras imágenes posibles. Sin embargo, Casal se aparta de la buena intención de los amigos, sale solo de su encierro y se pasea por la ciudad, un paseo representado no solo en las crónicas y la poesía comentadas aquí sino en otras tantas salidas. Después de todo, la metáfora del interior utilizada por Casal no se clausura en un encierro epistemológico. Paradójicamente, la representación del encierro garantiza la eclosión ulterior de toda lectura, que aporta su propio erotismo, su deseo de la imagen ajena, los «cuerpos lascivos», los «robustos miembros» de Prometeo, la pedrería sobre el cuerpo de Salomé, la «veste de opalina gasa» de Elena, el cuerpo deshecho de «Horridum somnium», los cuerpos voladores del circo, «Mi cuerpo» y «el tuyo» en «Para una muerta» de *Rimas* (1978: 245).

En la biografía de Casal hay ejemplos de su preferencia por el campo, que visitó con un amigo en 1885, pero se conoce mejor su «hastío» con el «cielo siempre azul, encima de un campo siempre verde»[3]. En todo caso, no se trata de la naturaleza como categoría autotélica sino de la «impresión antiestética» que pueda producir; es decir, la naturaleza no es independiente del sujeto cuyos sentidos la perciben y cuya voluntad creadora la representa. Como se afirma explícitamente en la crónica sobre el circo, lo que no se tolera es la representación; por ejemplo, la del actor, que pretende ser natural sin serlo. Se rechaza la imitación de la naturaleza que pretende ser natural, que no despliega «las huellas» humanas de la aplicación y el artificio, porque es una mentira, tanto ética como estética, porque es libresca e incorpórea. En la visión estética de Casal, la influencia y la tradición literarias pasan por el cuerpo erótico y ese contacto contamina la imagen representada y determina su forma. Casal rechaza la representación de la naturaleza codificada a lo largo del siglo y puesta al servicio de la lucha independentista. La rechaza no porque la desprecie sino porque ya no corresponde ni al mundo moderno ni al reclamo del nuevo sujeto que lo representa.

La serie de imágenes en las estrofas de «En el campo» se enmarcan como miniaturas en la precisión de los tercetos, y el «impuro amor» que la inicia es la afirmación de un erotismo imperfecto y contaminado. Como en una alegoría renacentista, desfilan las impresiones de los sentidos y lo que se prefiere siempre incluye la «huella» del ser humano:

> A mis sentidos lánguidos arroba,
> más que el olor de un bosque de caoba,
> el ambiente enfermizo de una alcoba. (1978: 251)

---

[3] Véase la anécdota de Francisco Chacón en *Prosas* 3: 246-248 y la carta de Casal en 3: 81, dirigida, según Armas (1981: 121-122), a Nieve Xenes, no a Esteban Borrero, como dice en el «Epistolario» de *Prosas*. También es Nieve Xenes el destinatario de las cartas 2, 3 y 14.

El «bosque de caoba» es un pretexto sin árboles, sin imagen posible; en cambio, en «el ambiente enfermizo de una alcoba» se marcan los ángulos de un recinto habitado. «Los sombríos arrabales» placen más que «las selvas tropicales». «La flor de invernadero», cultivada por una mano, triunfa sobre «la flor que se abre en el sendero»; y la «música armoniosa de una rima» sobre «la voz del pájaro».

A pesar de los contrastes y las preferencias enunciados en el poema, al nivel de la imagen poética, evidentemente no al nivel semántico, el dualismo de los contrastes no rechaza un término a favor del otro. Ambos constituyen imágenes intercambiables. En la estrofa siguiente, las «neblinas» del paradigma natural son «velos» que a su vez se equiparan a las «sedosas muselinas» del paradigma artificial:

> No cambiara sedosas muselinas
> por los velos de nítidas neblinas
> que la mañana prende en las colinas. (1978: 252)

A partir de la negación que abre la estrofa, «No cambiara», comienza a perder algo de su vigor la tensión semántica entre «muselinas» y su rima, «neblinas». No se trata de escoger la muselina artificial sobre la neblina natural; se impone más bien el placer sinestésico de la imagen visual, «velos de nítidas neblinas», relacionada por el denominador común semántico de «tela» o «género», con una imagen táctil: «sedosas muselinas». La crítica sobre Casal ha sugerido que esa imagen plurivalente es inútil y perversa porque se desvía del objeto representado. En efecto, la imagen es un fetiche estético, marcado como todo fetiche (*feitico*, cosa hecha, artificio canjeable) por el sello de la inutilidad[4].

---

[4] Véase Copjec, «The Sartorial Superego», sobre G. G. de Clérambault y *La passion des étoffes* (1989: 89-90) y Froidevaux, «Fétichisme et allégorie» (1989: 135-141).

Vale la pena volver sobre el «elemento transitorio», en este caso la tela, que Baudelaire menciona como una característica fundamental de la modernidad: «¿no tienen las vueltas de la tela, que hacen muecas al formar pliegues serpentinos sobre la carne mortificada, un encanto secreto?» (en Benjamin 1973: 77). En los pliegues hay un rostro y no es menos significativa «la vuelta de la tela» que otras representaciones, como la del interior, cuyo impacto ontológico ha disfrutado de un privilegio histórico harto conocido. Como el juguete o la joya, el fetiche estético atrae precisamente porque no imita los objetos de la producción adulta ni el sentido de su producción simbólica. Como el niño de Baudelaire comentado por Benjamin, el creador de ese objeto reúne materiales de diferentes tipos, desechados y carentes de sentido propio en una nueva relación «intuitiva» (Benjamin 1978: 69). El objeto creado es el producto de una labor análoga a la de la Derrochadora, que organiza las compras del día, o a la del niño, que crea «espacios ficticios» con sus juguetes, donde «baila» la imagen erótico-estética frente a las parcelaciones inexorables del sentido.

Otro detalle notable en las estrofas de «En el campo» es su repetición de los tópicos literarios clásicos: el «pájaro en la cima», «el rostro virginal de una pastora», «la mies en primavera». A los tópicos citados se oponen otros tomados de las corrientes literarias del momento: «la música armoniosa de una rima», que alude al simbolismo, y «un rostro de regia pecadora» y «el oro de teñida cabellera», al decadentismo. Igualmente se alude a través del poema a la tradición lírica cubana, sin duda a Heredia, en la estrofa siguiente, que sugiere un contraste entre el «Niágara» y el Nueva York de Martí. Es aun más probable que Casal aluda a la obra de José Fornaris, a quien dedicó uno de sus «bustos». Dice Casal de las estrofas de Fornaris: «Dentro de algunas creerán oir estruendos de cascada y ver reflejos metálicos» (1963b, 1: 279). En todo caso, se aquilatan dos imágenes, las dos valiosas, pero la una más representativa, más eficaz, para el sujeto erótico de la modernidad, que al enunciar su preferencia estética («quiero oír») se autorretrata:

> Más que al raudal que baja de la cumbre
> quiero oír a la humana muchedumbre
> gimiendo en su perpetua servidumbre. (1978: 252)

Según las historias literarias hispanoamericanas, el Casal de *Hojas al viento* es todavía un post-romántico, mientras que el poeta de «En el campo» y los otros poemas de *Rimas* ha rechazado terminantemente los tópicos románticos y con ellos la naturaleza que representaron, naturaleza en el sentido lato de la palabra, naturaleza/paisaje y naturaleza/psique humana. A partir del siglo XIX, la historia literaria ha seguido el modelo hegeliano, el avance de «la cultura» en una sucesión de «auges», «ocasos» y «renovaciones», donde además se opone dialécticamente el espíritu a la naturaleza, que es también la zona de lo irrepresentable, o de lo que se representa como margen. En el pensamiento hegeliano, la América Latina, en tanto que «receptora natural», se asocia a la barbarie, al cuerpo, específicamente a su enfermedad y su erotismo, constituyentes de su diferencia radical[5]. El modernismo es por supuesto una de las «etapas» en la invención hegeliana de la historia, cabalmente la primera en la historia de la literatura hispanoamericana, sucesivamente superada en el llamado «post-modernismo», y por supuesto en las diversas vanguardias.

En las historias literarias hispanoamericanas, que se suceden hegelianamente de generación en generación, la anomalía de Casal no se debe exclusivamente a preferencias subjetivas que lo marginan de la historia. Casal y su obra resultan anómalos porque su centro epistemológico, como en la filosofía anti-hegeliana de Schopenhauer, es el cuerpo, la frontera incierta entre la voluntad y la representación, el

---

[5] Véase al respecto González Stephan, «El historicismo liberal en Hispanoamérica y *La filosofía de la historia*, de Hegel» (1987: 82-96), y el ensayo de Hegel *Vorlesungen über die Aesthetik*, que consulté en su versión inglesa, «On Art» (1970: 22-127).

interior y el exterior[6]. Al igual que los románticos y los modernistas, Casal privilegia el interior, pero finalmente se niega a privilegiarlo. El valor del interior oscila y se desgasta. El interior colmado de valor del estudio del artista puede transformarse en el amontonamiento inútil de la tienda o en la actividad febril y autodestructiva de la Derrochadora. La avidez del personaje de la crónica transforma la mercancía en objeto privilegiado, en una «estrategia desesperada» que remeda el problema al cual pretende dar solución. El problema de la Derrochadora y del cronista es precisamente el valor del objeto estético en la era de la reproducción mecánica de la industria, para aprovechar el título del célebre ensayo de Benjamin.

La trascendencia idealista del sujeto estético de origen kantiano fue el fundamento del esteticismo de Varona y en gran medida de los textos que luego formarían el canon modernista; en cambio, el sujeto casaliano representa y se representa señalando el valor y la fuga de su capital anímico. En Casal no es cuestión finalmente de privilegiar la percepción de un sujeto sobre la de otro, sino de suspender el valor mismo, y de mostrar su relación inexorable con el deseo, «cripta negra en que duerme el deseo» (1978: 186), recuperado en la contemplación estética:

> tranquilo iré a dormir con los pequeños
>
> si veo fulgurar ante mis ojos,
> hasta el instante mismo de la muerte,
> las visiones doradas de mis sueños. («A un crítico», 1978: 145)

En su reconocimiento, diferente de la anagnórisis trágica, el sujeto erótico suspende su deseo y considera la inutilidad de los objetos y a la vez su belleza. Se desgasta pero también adquiere una compasión indecible por el prójimo, los niños deseosos de la pacotilla de la tienda,

---

[6] Sobre Schopenhauer y el cuerpo, véase Magee 1987: 119-136, «Bodies and Wills», y Gardiner 1963: 148-170.

la Derrochadora, y los poetas, traficantes en valores que más brillan cuanto más inútiles son, «héroes» y víctimas de la labor estética. El *satori* de Casal, su reconocimiento del engaño y el encanto de las cosas, del vacío en el centro de toda ontología, se ha leído como la frustración y la negación de su célebre «Nihilismo».

Existe por supuesto otro «vacío», la suspensión del deseo y la compasión del nirvana en el saber que en aquella época se llamó «esoterismo» o «teosofía», precursores de la gran difusión contemporána del budismo y el hinduismo. Casal pudo captar al menos una noción del vacío y de la ley del karma en su lectura, si no de Schopenhauer, de sus popularizadores franceses[7]. Por ejemplo, en *Influence de la Philosophie de Schopenhauer en France*, de A. Baillot, se describe el vacío en la obra de Leconte de Lisle en términos que podrían aplicarse a la obra de Casal: «No es la aspiración al vacío de la nada (*au néant vide*), es el acercamiento progresivo al nirvana, a la negación del deseo» (1927: 249). Por lo tanto, la suspensión del deseo es finalmente positiva, «una especie de remedio de la vida, eclosión de la indiferencia hacia sí mismo, análoga a la contemplación estética», escribe Baillot. En la contemplación estética se suspende la distinción entre sujeto y objeto, en lo que para Leconte, como para Casal, no fue una solución ontológica sino un «refugio provisorio» (Baillot 1927: 251).

Casal probablemente leyó también a Edouard Schuré. El pasaje siguiente de su popularísimo *Les Grands Initiés* bien podría resumir la trayectoria del propio Casal, su deseo por el objeto estético, la duda de su valor, la necesidad de la labor humana y la compasión por la comedia de todo esfuerzo:

> para quien ha perdido la fe, solo queda una opción: seguir la corriente del día, sufrir el siglo en lugar de luchar contra él, resignarse a la duda o a

---

[7] La segunda edición de *Le Monde comme volonté et représentation* es de 1848. Según A. Baillot (1927: 15), a partir de 1850 la *Revue des Deux-Mondes* y el *Journal des Débats*, aunque critican las teorias de Schopenhauer, las difunden. Véase también Colin 1979.

la negación, consolarse de todas las miserias humanas y de los próximos cataclismos con una sonrisa de desprecio, y cubrir la nada profunda de las cosas, lo único en que se cree, de un velo brillante que uno decora del bello nombre de ideal, mientras se piensa que todo no es más que una útil quimera. (Schuré 1960: 27)[8]

Casal urdió su «velo brillante» y lo reconoció como «útil quimera». Paradójicamente, su erotismo lo lleva hacia la suspensión del deseo y tal vez a su redefinición, su transformación en otra fe. Detuvo su esfuerzo creador la última escena, la de la muerte, el fin del terrorismo y de la gloria del deseo.

Cerca de «la hora fatal de la borrasca»[9], a través de un interlocutor femenino, vagamente diferenciado de su propia imagen, Casal representa el deseo del cuerpo y del ajeno, el «goce» prohibido y el «delito» de dos cuerpos al borde de la representación final:

> Expiemos en calma nuestro delito
> de haber sobre la tierra soñado mucho:
> ¡para mí es todo goce fruto maldito
> y por eso con miedo tu voz escucho!
> [...]
> Mi cuerpo, devorado por el hastío,
> al reino de las sombras gozoso baja:
> ¡ay! ¿el tuyo no siente, cual siente el mío,
> ansias de que lo envuelvan en su mortaja? [...]
> («Para una muerta...», 1978: 245)

Incluso cuando se maldice su goce, la representación del cuerpo en Casal es erótica: «calma» / «goce» / «devorado» / «gozoso» / «ansias» /, «envuelvan», semantemas de lo erótico ubicados en un paradigma negativo: «fruto maldito» / «miedo» / «las sombras» /

---

[8] Cintio Vitier se refiere brevemente a la influencia de Schuré sobre Casal en «Casal en su centenario» (1971: 25). Sobre Darío y Schuré, véase Jrade 1983: 9.
[9] «En un hospital», de *Nieve* (1978: 152).

«mortaja». La superposición es característica de Casal. Podría decirse que constituye su estilo, compleja y ricamente *contaminado* de su erotismo, para reactivar de manera positiva la ubicua metáfora médica del fin de siglo, el de Casal y el nuestro. Sobre el cuerpo se proyecta el deseo prohibido. Se trasciende el cuerpo para representar su deseo. Se desplaza el deseo, veladamente homoerótico, anómalo e indecible, a través de las representaciones ortodoxas, hacia una imagen que la escritura señala sin poder tenerla, como no puede tener Salomé la cabeza decapitada que señala en «La aparición».

Es conocida la frase lapidaria de Lord Douglas: «Yo soy el amor que no osa decir su nombre» (en Kosofsky Sedgwick 1990: 74). En La Habana colonial, semejante afirmación es imposible, o mejor dicho, no es representable, a no ser en la zona neutral, «científica», de la consulta, en la entrevista entre un «pederasta» quinceañero y el «distinguido compañero» del Dr. Céspedes. En otros recintos, el erotismo prohibido dice su nombre oblicuamente, en la rima entre «nuestro delito» y «fruto maldito». El «poder decir» de ese erotismo se enardece en la representación de las imágenes que atraviesan la obra de Casal: Salomé que señala la cabeza del Profeta, la Galatea dormida frente al deseo de Polifemo, Elena hierática frente al valle de cadáveres, el Hércules-Apolo frente a la Hidra, los «cuadros» en el *museo ideal*. El erotismo también se dice en la terrible profecía del padre «siendo yo niño», en el «secreto» que «te deje el alma helada». En la prosa y en la biografía, se dice en las imágenes del amante de las torturas, en el paseo del «único paseante de la ciudad abandonada», en el cuarto del enfermo, del anacoreta casi pagano, del mártir cristiano, del *yo* caleidoscópico, lector de Amiel y del Kempis.

El cientifismo de la época nombró y parceló las anomalías del erotismo. En *La prostitución en La Habana* los «pederastas» circulan por la periferia del parque oscuro. Serán reemplazados por los «homosexuales», la palabra macarrónica creada en el XIX y popularizada en el XX. Para Casal las anomalías del erotismo no tuvieron nombre, y por eso las representa en imágenes tan ricas, remedando la paleta y la iconografía de Moreau, no la representación de la naturaleza sino la creación de una superficie simbólica, fragmentada y sin embargo legible, donde la materialidad del signo se hace a veces casi palpable, para deshacerse enseguida «como un reflejo por obscura brasa que se extingue en dorado pebetero» («La cólera del Infante», 219)

No hay que descartar la posibilidad de leer en «las muertas» de Casal la misoginia y la reificación de la mujer frecuentes en la poesía modernista. La reificación de la mujer, nunca del hombre, presupone un nexo causal entre la representación de la misma y su función como agente mudo de lo natural y lo fértil. Es decir, si la representación misógina de la mujer la cubre de adornos que sofocan la realidad de su cuerpo, quiere decir que el cuerpo desnudo y puro persiste en otra zona de la representación. La estrategia es notoria, y no menos misógina. En el siglo XX circula amplia y exitosamente desde Juan Ramón Jiménez hasta Neruda y Octavio Paz. En cambio, en Casal se reifica no solo el cuerpo de la mujer sino el de los titanes del «museo» o el del torero de «Cromos españoles».

Si el cuerpo de la mujer se cubre de opalina gasa, el de los titanes se torna marmóreo, y el del torero se recama o se transforma en joya: «pecho alzado de eunuco, talle que aprieta / verde faja de seda, bajo chaqueta / fulgurante de oro cual rica alhaja» (1978: 132). Según Enrique Hernández Miyares, Casal regresó de España en «el sollado del vapor, junto con los jornaleros malolientes», y añade citando a Casal: «¡tejiéndole la coleta a un torero en cambio de pitillos!» (en Armas 1981: 88). El amigo se compadece de Casal, pero la escena no solo representa la situación económica del poeta. Es de una intimidad y un erotismo evidentes, si no para Miyares, sin duda para cualquier entendido. La realidad histórica de la «estatua de carne» del poema de Casal es probablemente la invención de Manuel de la Cruz. Por otra parte, la relación de Casal con Juana Borrero no pasó de la admiración mutua y la amistad, lo cual no impidió que se hablara del «gran amor» frustrado de Casal. Los causalismos biográficos, acertados o disparatados según sea el caso, son siempre heterosexuales. A nadie se le ha ocurrido superponer el torero del sollado del vapor, que dejaba que Casal le tejiera la coleta a cambio de pitillos, al torero del poema:

> Como víbora negra que un muro baja
> y a mitad del camino se enrosca quieta,
> aparece en su nuca fina coleta
> trenzada por los dedos de amante maja. (1978: 132)

Para Casal no hay representación sin artificio. Los dualismos pertenecían a los científicos cuyas definiciones, podadas de las ambigüedades inherentes a todo quehacer humano, se encargaron de definir «hombre» y «mujer», situando el resto en las consabidas categorías. En la obra de Casal, el mismo sexo se aparta del dualismo genérico porque solo así se hace representable. El sexo, como entre los egipcios, se cubre con la representación de otra naturaleza, la flor de loto, la joya tallada, la materia opaca que es la metáfora de la naturaleza del lenguaje, a la vez corporal y simbólica.

A fin de cuentas, el cuerpo de «la muerta» de Casal no es un cuerpo señalado y por lo tanto reificado, «distanciado» de su realidad virtual; es el suyo propio, representado al borde de la muerte, al borde de la devoración de los gusanos de «Horridum somnium», es decir al borde del sinsentido y paradójicamente de un sentido único y hierático. Los contrastes fértil / estéril, normal / anormal, natural / artificial, interior / exterior, nacionalismo / cosmopolitismo circulan por la crítica sobre Casal en torno al secreto de su erotismo. La imagen estética, ambigua y polisémica, se enfrenta a esos binarismos y a sus efectos ideológicos, sin poder destruirlos, señalando más bien el poder de su recuperación fantasmática. Las estrofas siguientes representan el momento privilegiado de dicha recuperación: decir a través de la imagen femenina la palabra propia, dejar que su imagen se superponga sobre la propia en un viraje casaliano característico donde la ambigüedad referencial de todo pronombre contamina la identidad propia:

Al asomar el alba tras las montañas,
un estertor de muerte vibró en su pecho
y, oyendo de sus labios frases extrañas,
condujéronla en brazos hasta su lecho.

Hoy… al platear la luna las frescas lilas,
con sus manos piadosas rasgó la tisis,
ante el asombro vago de sus pupilas,
el velo impenetrable que cubre a Isis.
(«Para una muerta…», 1978: 245-246)

Rasgar «el velo impenetrable que cubre a Isis» es llegar a la revelación ontológica prometida en la muerte. Sin embargo, lo representable es el umbral, de nuevo el marco, como si la ruptura del velo no descubriera el cuerpo desnudo y su finalidad ontológica, sino la posibilidad, y la necesidad, de otra representación no menos velada. La necesidad de otra representación es el deseo que provoca el baile de Salomé y la escritura que lo representa, igual que provocó «la fiebre del derroche» de la compradora habanera. Si el deseo, todo lo que existe antes de la oposición entre sujeto y objeto, antes de la representación y la producción, se contamina de la sospecha de lo ontológico, ¿qué más da? Solo importa señalar que en la obra de Casal la «naturaleza» del deseo es ambigua y generadora[10]. La «fiebre» del deseo provoca en gran medida la «angustia» de Casal, pero la angustia no se manifiesta simplemente en la «evasión» de la naturaleza, ni en el refugio en el Arte, sino en la intuición de la necesidad y la futilidad de toda representación simbólica. Como en el vértigo de objetos que rodea a la Derrochadora, en el centro de la representación surge el vacío, paliado sin embargo, como

---

[10] Para evitar la «sospecha» ontológica que acecha en su definición del deseo, Gilles Deleuze y Félix Guattari se refieren a «maquinarias deseantes», donde, como en Schopenhauer, no hay una posición subjetiva privilegiada. «Para Deleuze y yo, el deseo es todo lo que existe *antes* de la oposición entre sujeto y objeto, *antes* de la representación y la producción» (énfasis del original) (Guattari 1979: 57).

en el budismo, por la piedad y la compasión. La supremacía del arte sobre la naturaleza, el denominador común de la estética del fin de siglo, se complica con la entrada inexorable en la escena del cuerpo y con el impase de lo simbólico que paradójicamente representa.

«Para una muerta» tiene menos impacto como la representación de la mujer reificada del modernismo que como emblema corporal en una serie que atraviesa toda la obra de Casal y que en efecto se despliega desde el «inanimado cuerpo» de la muerta vestida hacia el cuerpo propio. En «Del libro negro», el libro y su correlato, el «féretro luciente, tachonado / de brillantes estrellas de oro y plata», contienen el valor reificado representado por la muerta vestida: «de raso y oro espléndida mortaja / cubierta con un velo vaporoso / de transparente gasa» (1978: 14). En el mismo poema, «el cuerpo me temblaba», y el beso final representa la unión de los dos cuerpos. La escena al borde de la tumba en este poema de *Hojas al viento* es romántica y sentimental. Es también profética del desvío erótico de la obra de Casal y de su representación alegórica en la unión final de los dos cuerpos cuya diferenciación sexual, femenino / masculino, es menos dramática, menos enfática, que el trasfondo donde se figura el contraste entre el hueco de la tumba y las decoraciones extravagantes del féretro, es decir entre la ausencia del sentido y la riqueza de los significantes, su «útil quimera», entre el «secreto que te deje el alma helada» y las posibilidades múltiples de representarlo.

La muerta vestida aparece en varios poemas de *Hojas al viento* y se transforma bajo el signo de la primera persona en «Fatuidad póstuma»: «mi cuerpo bajo formas vagas». Tanto en *Hojas* como en *Nieve*, la serie de cuerpos-objetos, «una estatuita color de luna» («Canción», 179), culmina en el cuerpo propio «deshaciéndo[se] en hediondos pedazos» («Post Umbra», 81). *Nieve* termina con la corrupción del cuerpo de «Horridum somnium» y *Rimas* con «el cuerpo miserable» de «Cuerpo y alma».

En la crónica sobre la visita al médico, la piel «dibujada» por «las arborescencias» de los herpes provoca una representación eficaz, más rica cuanto más grotesca: «siento el vaho cálido de los organismos abrasados por la fiebre o la humedad viscosa de los miembros deformados por la lepra» (1963b, 1: 254). El «dibujo» del cuerpo grotesco reclama finalmente el cuerpo ajeno: «Mi cuerpo» y «el tuyo» en «Para una muerta».

Es evidente que no hay propiedad en esos pronombres ni representación respaldada por una entidad referencial. En Casal ese respaldo se agota para abrir paso a las imágenes animadas por el erotismo difuso del cuerpo, por su propiedad emblemática. A la galería de representaciones del sujeto, que desborda los límites «ideales» del museo, se suman los diversos personajes femeninos, desde la Derrochadora hasta las mujeres lánguidas de la poesía, y los otros personajes mencionados, el amante de las torturas del cuento y la versión memorable de Casal puesta en boca del Darío de «Páginas de vida», que se dirige al poeta narrando «las páginas secretas de nuestra vida». Dice a Casal el Darío del poema:

> Tienes en tu conciencia sinuosidades
> donde se extraviaría mi pensamiento,
> como al surcar del éter las soledades
> el águila en las nubes del firmamento.
> [...]
> Quisiera estar contigo largos instantes
> pero a tu ardiente súplica ceder no puedo:
> ¡hasta tus verdes ojos relampagueantes
> si me inspiran cariño, me infunden miedo! (1978: 227)

Atrapado en la colonia, en su cuerpo enfermo, y en lo indecible de su erotismo, Casal representa la supremacía del arte, y de su correlato, la libertad del pensamiento idealista, y a la vez corroe esa representación, entregándola al «gusano cruel», al fuego y la ruina. Casal borra o desdibuja los contornos de su creación, como se borran los contornos de las imágenes en algunas pinturas de Moreau, donde el color desborda el dibujo, empañándolo. Al igual que en sus maestros simbolistas, en

Casal la imagen erótica se imprime con mayor fuerza en los sentidos cuanto más vaga y fugaz es su presencia. En cambio, a diferencia de la imagen simbolista, el impacto de la imagen en Casal es más erótico cuanto más depende no de la vaguedad del símbolo sino de su extravagancia, de su aparente despilfarro de sentido.

En las estrofas de «Las alamedas», vaga una serie de personajes en un paisaje que se fragmenta en cuanto se enuncia y donde se esconde el deseo, «del placer los rastros»:

> donde cuelgan las lluvias estivales
> de curva rama diamantino arco, teje
> la luz deslumbrantes chales
> y fulgura una estrella en cada charco. (1978, 223-224)

La fragmentación y el vértigo de lo visual en «Las alamedas» acompañan una inversión de carácter cósmico: «una estrella en cada charco». En la luz borrosa y envolvente del parque, «Allí», se pasean «pálidos seres de sonrisa mustia», y «errar se mira al soñador sombrío / que en su faz lleva las candentes huellas / de la fiebre, el insomnio y el hastío». «Allí» se sienta un sacerdote solitario como un náufrago, un mendigo «de miradas bajas», y «una hermosa» goyesca que «de amor aguarda el férvido tributo». Todos los personajes marginales se reúnen en el parque, incluso por supuesto el paseante amoroso que enuncia el primer verso: «Adoro las sombrías alamedas». El parque de Casal es la periferia de «la sociedad de La Habana» acerbamente retratada en sus crónicas. Es el lugar de los desterrados de la tienda y sin duda el sitio de los pederastas de *La prostitución en La Habana*. El placer de todos estos paseantes cubre sus «rastros», pero queda su residuo y la mirada ubicua en el «allí» reiterado, la mirada que dibuja el paisaje y que le infunde su erotismo:

> Allí del gas a las cobrizas llamas
> no se descubren del placer los rastros
> y a través del calado de las ramas
> más dulce es la mirada de los astros.

4. La última escena

Falta una última representación, arrancada de la biografía e incorporada al mito de Casal. En casa de un amigo se fija en unas flores artificiales, que califica de «horribles». Le explican que son un regalo y que por cortesía no se pueden quitar. Al día siguiente, Casal regresa con un ramo de flores naturales y sin esperar las gracias, las deja con la dueña de la casa. Convalece, se mejora, escribe a Darío y parecería que junto a las labores cotidianas del escritor, la corrección de las pruebas, la redacción de una reseña, organiza la escena de su muerte, como si se tratara de la última ficción: el libro de Amiel abierto sobre el escritorio, la sobremesa agradable en casa del amigo, el chiste celebrado, la carcajada que parece resonar por el casón habanero, la pechera blanca toda manchada de sangre. ¿Quién habrá sido ese «alguien» que le quitó de los dedos el cigarrillo encendido? Los amigos se encargaron del resto.

Comencé estos comentarios finales con «En el campo» porque se ha citado frecuentemente como ejemplar del rechazo modernista, especialmente casaliano, de la naturaleza. Sin embargo, si dicho rechazo es evidente en el plano temático del poema, su desvío deliberado es más complejo que un simple disgusto con el paisaje circundante. Se ha leído el poema como la secuela de «Autobiografía», que abre el primer volumen de Casal, sin tener en cuenta las transformaciones radicales del sujeto en cuestión, sobre todo sin tener en cuenta la peculiaridad y la insistencia de su erotismo.

Frente a los poderosos modelos de normalidad y ortodoxia del positivismo científico del siglo XIX, aplicados diversamente a las producciones simbólicas, y tan violentamente definidores y limitadores de la llamada identidad sexual en el siglo XX, Casal afirma la inversión, la anomalía y el desvío como credo estético. Lo que vale para el poema, vale para toda su obra. No representa la naturaleza para rechazarla; representa un catálogo de opciones simbólicas que definen, por contraste o negación, otra naturaleza, ya sin comillas. En la Cuba colonial y en las letras hispanas, es erótica, subversiva y generadora de alternativas simbólicas dentro de la maquinaria del poder, corroyéndola oscuramente. Ese es el triunfo estético de Casal, no la afirmación vulgar y unívoca del arte, algo que jamás compartió. Las alternativas simbólicas que ofrece su obra se cumplen, y se desgastan, tanto en el modernismo como en las vanguardias, como en los hallazgos origenistas, como en la fascinación que todavía ejerce su obra.

Bibliografía

1. Julián del Casal

— (1890): *Hojas al viento.* La Habana: Imprenta El Retiro.
— (1892): *Nieve.* La Habana: Imprenta La Moderna.
— (1893a): *Bustos y rimas.* La Habana: Imprenta La Moderna.
— (1893b): *Nieve.* México: Edición de «El Intransigente».
— (1931): *Selección de poesías.* Edición de Juan J. Geada y Fernández. La Habana: Cultural.
— (1945): *Poesías completas.* Edición de Mario Cabrera Saqui. La Habana: Ministerio de Educación.
— (1949): *Selected Prose of Julián del Casal.* Edición de Marshall E. Nunn. Alabama: University of Alabama Press.
— (1963a): *Poesías.* Edición del Centenario. La Habana: Consejo Nacional de Cultura.
— (1963b): *Prosas.* Edición del Centenario. 3 tomos. La Habana: Consejo Nacional de Cultura.
— (1978): *The Poetry of Julián del Casal.* Edición de Robert J. Glickman. 3 tomos. Gainesville: The University of Florida Press.
— (1982): *Obra poética.* La Habana: Letras Cubanas.
— (2001): *Poesía completa y prosa selecta.* Edición de Álvaro Salvador. Madrid: Verbum.
— (2007): *Páginas de vida. Poesía y Prosa.* Edición de Ángel Augier. Caracas: Ayacucho.
— (2017): *Epistolario.* Edición y notas de Leonardo Sarría. Leiden: Almenara.

ii. Sobre Julián del Casal

Armas, Emilio de (1981): *Casal*. La Habana: Letras Cubanas.
Berger, Margaret R. (1946): «The Influence of Baudelaire on the Poetry of Julián del Casal». En *The Romanic Review* 37 (2): 177-187.
Borroto Trujillo, María Antonia (2016): *Julián del Casal: modernidad y periodismo*. Santiago de Cuba: Editorial Oriente.
Cabrera, Rosa M. (1970): *Julián del Casal. Vida y obra poética*. New York: Las Américas.
Cabrera Saqui, Mario (1963): «Julián del Casal». En Casal 1963a: 265-287.
Clay Méndez, Luis Felipe (1979): «Julián del Casal and the Cult of Artificiality: Roots and Functions». En *Waiting for Pegasus: Studies of the Presence of Symbolism and Decadence in Hispanic Letters*. Macom: Western Illinois University, 155-168.
Cruz, Manuel de la (1892): «Julián del Casal». En *Cromitos cubanos*. La Habana: La Lucha, 301-321.
Darío, Rubén (1894): «Julián del Casal». En *La Habana Elegante*, 17 de junio: 4.
— (1911): «Films habaneros: El poeta Julián del Casal». En *La Nación*, 1 de enero [reproducido en Monner Sans, José María (1952): *Julián del Casal y el modernismo hispanoamericano*. México: El Colegio de México, 254-257].
Duplessis, Gustavo (1944): «Julián del Casal». En *Revista Bimestre Cubana* 54 (1): 31-75; 54 (2): 140-170; 54 (3): 241-286.
Estévez, Abilio (2016): *Tan delicioso peligro (Consideraciones sobre literatura y tiempos difíciles)*. San Juan: Folium.
Faurie, Marie-Josèphe (1966): *Le Modernisme hispano-américain et ses sources françaises*. Paris: Centre de recherches de l'institut d'études hispaniques.
Fontanella, Lee (1970): «Parnassian Precept and a New Way of Seeing Casal's *Museo ideal*». En *Contemporary Literature Studies* 7: 450-479.
Figueroa, Esperanza (1974): «Comentario biográfico y rectificaciones». En Zaldívar, Gladys (ed.): *Julián del Casal: Estudios críticos sobre su obra*. Miami: Universal, 9-31.
Glickman, Robert Jay (1973): «Julián del Casal: Letters to Gustave Moreau». En *Revista Hispánica Moderna* 37 (1-2): 119-125.

GUANABACOA, César de [Ciriaco Sos Gautreau] (1893): *Julián del Casal, o un falsario de la rima*. La Habana: Imprenta y Papelería «La Prensa» [reproducido en Casal 1963a: 366-402].
HERNÁNDEZ MIYARES, Enrique (1963): «Julián del Casal». En Casal 1963a, 311-315.
HERNÁNDEZ-MIYARES, Julio (1974): «Julián del Casal: sus ideas y teorías sobre el arte y la literatura». En Zaldívar, Gladys (ed.): *Julián del Casal: Estudios críticos sobre su obra*. Miami: Universal, 47-80.
JIMÉNEZ, Luis A. (1974): «Elementos decadentes en la prosa casaliana». En Zaldívar, Gladys (ed.): *Julián del Casal: Estudios críticos sobre su obra*. Miami: Universal, 81-119.
— (1991): «La poética de la "Autobiografía" de Julián del Casal». En *Confluencia* 6 (2): 157-162.
JIMÉNEZ, Luis A. (ed.) (2005): *Julián del Casal en el nuevo milenio*. Managua: PAVSA.
KIRKPATRICK, Gwen (1987): «Technology and Violence: Casal, Darío, Lugones». En *MLN* 102 (2): 344-357.
LEZAMA LIMA, José (1970): «Oda a Julián del Casal». En *Poesía completa*. La Habana: Instituto del Libro, 430-436.
— (1977): «Julián del Casal». En *Analecta del reloj. Obras completas*, volumen 2. México: Aguilar, 65-99.
MÁRQUEZ STERLING, Manuel (1902): «El espíritu de Casal». En *El Fígaro*, octubre 26 [reproducido en Casal 1963b, 1: 39-41].
MARTÍ, José (1893): «Julián del Casal». En *Patria*, octubre 31 [reproducido en Casal 1963b, 1: 25-26].
MEZA, Ramón (1910): *Julián del Casal. Estudio biográfico*. La Habana: Imprenta Avisador Comercial.
MONNER SANS, José María (1952): *Julián del Casal y el modernismo hispanoamericano*. México: El Colegio de México.
MONTE, Ricardo del (1893): «Mi deuda». En *La Habana Elegante*, 29 de octubre: 5-7 [reproducido en Casal 1978, 2: 404-410].
MONTERO, Oscar (2001): «Casal y Maceo en La Habana elegante». En *Casa de las Américas* 225: 57-70.
MORÁN, Francisco (2008): *Julián del Casal o los pliegues del deseo*. Madrid: Verbum.

PEARSALL, Priscilla (1979): «A New Look at Duality in Julián del Casal». En *Chasqui: Revista de Literatura Latinoamericana* 8 (3): 44-53.
— (1984): «Julián del Casal: Modernity and the Art of the Urban Interior». En *An Art Alienated from Itself. Studies in Spanish American Modernism*. University, Mississippi: Romance Monographs, 11-39.
PHILLIPS, Allen W. (1974): «Una nota sobre el primer modernismo: Julián del Casal y algunos poetas mexicanos». En *Cinco estudios sobre literatura mexicana moderna*. México: Sepsetentas, 21-37.
PONCET, Carmen (1944): «Dualidad de Casal». En *Revista Bimestre Cubana* 53: 193-212.
PONTE, Antonio José (2002): «Casal contemporáneo». En *El libro perdido de los origenistas*. México: Aldus, 33-41.
PORTUONDO, José Antonio (1937): «Angustia y evasión de Julián del Casal». En *Cuadernos de Historia Habanera* [reproducido en Casal 1963b, 1: 42-68].
RUIZ BARRIONUEVO, Carmen (1982): «Dos acercamientos a Julián del Casal en la obra de José Lezama Lima, o la invención de la imagen». En *Revista de Filología de la Universidad de La Laguna* 1: 49-58.
SCHULMAN, Ivan (1966): «Las estructuras polares en la obra de José Martí y Julián del Casal». En *Génesis del modernismo. Martí, Nájera, Silva, Casal*. México: El Colegio de México, 153-187.
— (1976a): «Casal's Cuban Counterpoint of Art and Reality». En *Latin American Research Review* 11 (2): 113-128.
— (1976b): «La Salomé de Julián del Casal y Guillermo Valencia: *trasposición* y *werden*. En *Estudios. Edición en homenaje a Guillermo Valencia 1873-1973*. Cali: Carvajal, 69-84.
URBINA, Luis [Daniel Eyssette] (1893): «*Nieve* por Julián del Casal». En Casal, Julián del: *Nieve*. México: El Intransigente, i-xii.
VARONA, Enrique José (1890): «*Hojas al viento*: Primeras poesías». En *La Habana Elegante,* junio 1 [reproducido en Casal 1963b, 1: 26-29 y 1978, 2: 421-423].
— (1892): «Nieve». En *Revista Cubana* 16 (agosto): 142-146 [reproducido en Casal 1978, 2: 436-439].
VITIER, Cintio (1970): «Octava Lección». En *Lo cubano en la poesía*. La Habana: Instituto del Libro, 283-314.

— (1971): «Julián del Casal en su centenario». En *Crítica sucesiva*. La Habana: Contemporáneos.

ZALDÍVAR, Gladys (1974): «Dos temas de la búsqueda metafísica en Huysmans y Casal». En Zaldívar, Gladys (ed.): *Julián del Casal: Estudios críticos sobre su obra*. Miami: Universal, 135-44.

ZENO GANDÍA, Manuel (1890): «*Hojas al viento*». En *El Fígaro,* junio 29, 3-4 [reproducido en Casal 1978, 2: 424-428].

III. SOBRE MODERNISMO, FIN DE SIGLO Y LITERATURA Y CULTURA CUBANAS E HISPANOAMERICANAS.

BALBOA, Silvestre de (1970): *Espejo de paciencia*. Miami: Universal.

BASTOS, María Luisa (1989): *Relecturas: estudios de textos hispanoamericanos*. Buenos Aires: Hachette.

BEJEL, Emilio (2001): *Gay Cuban Nation*. Chicago / London: The University of Chicago Press.

BELLINI, Giuseppe (1985): *Historia de la literatura hispanoamericana*. Madrid: Castalia.

CAMPUZANO, Luisa (ed.) (1999): *El sol en la nieve: Julián del Casal (1863-1893)*. La Habana: Casa de las Américas.

CÉSPEDES, Benjamín (1888): *La prostitución en La Habana*. La Habana: Tipografía O'Reilly.

CRUZ-MALAVÉ, Arnaldo (1994): *El primitivo implorante. El «sistema poético del mundo» de José Lezama Lima*. Amsterdam: Rodopi.

GIRALT, Pedro (1889): *El amor y la prostitución. Réplica a un libro del Dr. Céspedes*. La Habana: La Universal.

GONZÁLEZ, Aníbal (1983): *La crónica modernista hispanoamericana*. Madrid: José Porrúa Turranzas.

GONZÁLEZ ECHEVARRÍA, Roberto (1983): *Isla a su vuelo fugitiva*. Madrid: José Porrúa Turranzas.

— (1985): *The Voice of the Masters: Writing and Authority in Modern Latin American Literature*. Austin: University of Texas Press.

GONZÁLEZ STEPHAN, Beatriz (1987): *La historiografía literaria del liberalismo hispanoamericano del siglo XIX*. La Habana: Casa de las Américas.

GUTIÉRREZ NÁJERA, Manuel (1974): *Divagaciones y fantasías*. México: SepSetentas.

HENRÍQUEZ UREÑA, Max (1954): *Breve historia del modernismo*. México: Fondo de Cultura Económica.

HERNÁNDEZ MIYARES, Enrique (1885): «Ecos y murmullos». En *La Habana Elegante* 3 (11): 10.

JIMÉNEZ, José Olivio (1987): «Dos símbolos existenciales en la obra de José Martí: la máscara y los restos». En Schulman, Ivan (ed.): *Nuevos asedios al modernismo*. Madrid: Taurus, 123-159.

JIMÉNEZ, José Olivio & CAMPA, Antonio de la (1976): *Antología crítica de la prosa modernista hispanoamericana*. New York: Eliseo Torres.

JIMÉNEZ, Juan Ramón (1981): *Juan Ramón Jiménez en Cuba*. Compilación y prólogo de Cintio Vitier. La Habana: Arte y Literatura.

JOSEF, Bella (1987): «Modernismo y vanguardia (del modernismo a la modernidad)». En Schulman, Iván (ed.): *Nuevos asedios al modernismo*. Madrid: Taurus, 60-75.

JRADE, Cathy L. (1983): *Rubén Darío and the Romantic Search for Unity: The Modernist Recourse to Esoteric Tradition*. Austin: University of Texas Press.

KIRKPATRICK, Gwen (1989): *The Dissonant Legacy of Modernismo: Lugones, Herrera y Reissig and the Voice of Modern Spanish American Poetry*. Berkeley: University of California Press.

LEZAMA LIMA, José (1981): «Corona de las frutas». En *Imagen y posibilidad*. La Habana: Letras Cubanas.

LITVAK, Lily (1979): *Erotismo fin de siglo*. Barcelona: Antoni Bosch.

LUDMER, Josefina (1977): *Onetti. Los procesos de construcción del relato*. Buenos Aires: Sudamericana.

— (1988): *El género gauchesco. Un tratado sobre la patria*. Buenos Aires: Sudamericana.

LUGO-ORTIZ, Agnes (1999): *Identidades imaginadas: biografía y nacionalidad en el horizonte de la guerra (Cuba 1860-189)*. San Juan: Editorial de la Universidad de Puerto Rico.

MARTÍ, José (1975): *Obras completas*. La Habana: Editorial de Ciencias Sociales.

MIGNOLO, Walter (1982): «La figura del poeta en la lírica de vanguardia». En *Revista Iberoamericana* 118-119: 131-148.

MOLLOY, Sylvia (1983): «Ser/decir: tácticas de un autorretrato». En Molloy,

Sylvia & Fernández Cifuentes, Luis (eds.): *Essays on Hispanic Literature in Honor of Edmund L. King*. London: Tamesis, 187-199.
— (1991): *At Face Value: Autobiographical Writing in Spanish America*. Cambridge: Cambridge University Press.
— (2012): *Poses de fin de siglo: desbordes del género en la modernidad*. Buenos Aires: Eterna Cadencia.
Paz, Octavio (1989): *Los hijos de limo: Del romanticismo a la vanguardia*. Barcelona: Barral.
Pérez Jr., Louis A. (1983): *Cuba between Empires 1878-1902*. Pittsburgh: University of Pittsburgh Press.
— (1988): *Cuba: Between Reform and Revolution*. New York: Oxford University Press.
Pérez-Firmat, Gustavo (1989): *The Cuban Condition: Translation and Identity in Modern Cuban Literature*. Cambridge: Cambridge University Press.
Rama, Angel (1968): *Los poetas modernistas en el mercado económico*. Montevideo: Facultad de Humanidades y Ciencias, Universidad de la República.
— (1982): «Martí, poeta visionario». En *Insula* xxxvii (428-429): 20.
Ramírez, Serafín (1891): *La Habana Artística. Apuntes históricos*. La Habana: Imprenta del E. M. de la Capitanía General.
Ramos, Julio (1989): *Desencuentros de la modernidad en América Latina. Literatura y política en el siglo XIX*. México: Fondo de Cultura Económica.
Rojas, Rafael (2006): *Tumbas sin sosiego. Revolución, disidencia y exilio del intelectual cubano*. Barcelona: Anagrama.
Salgado, María A. (1989): «Félix Rubén García Sarmiento, Rubén Darío y otros entes de ficción». En *Revista Iberoamericana* 55 (146-147): 339-362.
Schulman, Iván (ed.) (1987): *Nuevos asedios al modernismo*. Madrid: Taurus.
Seoane Gallo, José (1987): «Perfil de Amelia Peláez». En *Palmas reales en el Sena*. La Habana: Letras Cubanas.
Smith, Paul Julian (1989): *The Body Hispanic: Gender and Sexuality in Spanish and Spanish American Literature*. Oxford: Clarendon Press.

SOMMER, Doris (1991): *Foundational Fictions. The National Romances of Latin America.* Berkeley: University of California Press.

VENEGAS FORNIAS, Carlos (1985): «La Habana Vieja: Patrimonio de la Humanidad». En *La Habana: fotografías de Manuel Méndez Guerrero.* La Habana: Instituto de Cooperación Iberoamericana.

VITIER, Cintio (1970): *Lo cubano en la poesía.* La Habana: Instituto del Libro.

YURKIÉVICH, Saúl (1976): *Celebración del modernismo.* Barcelona: Tusquets.

ZAVALA, Iris (1974): *Fin de siglo: modernismo, 98 y bohemia.* Madrid: Edicusa.

IV. BIBLIOGRAFÍA GENERAL

AMIEL, Henri Frederic (1976): *Journal Intime.* 6 vols. Lausanne: L'Age d'homme.

BAILLOT, A. (1927): *Influence de la Philosophie de Schopenhauer en France (1860-1900).* Paris: Librairie philosophique J. Vrin.

BARTHES, Roland (1970): *L'empire des signes.* Ginebra: Skira.

— (1977): *Fragments d'un discours amoureux.* Paris: Seuil.

BATAILLE, Georges (1967): *La notion de dépense. La part maudite.* Paris: Minuit.

— (1986): *Erotism: Death and Sensuality.* San Francisco: City Lights Books.

BAUDELAIRE, Charles (1961): *Oeuvres complètes.* Paris: Gallimard.

BEAVER, Harold (1981): «Homosexual Signs (In Memory of Roland Barthes)». En *Critical Inquiry* 8: 99-119.

BENJAMIN, Walter (1969): *Illuminations.* New York: Schocken Books.

— (1973): *Charles Baudelaire: A Lyric Poet in the Era of High Capitalism.* London: NLB.

— (1978): *Reflections.* New York: Harcourt Brace.

BIASIN, Gain-Paolo (1975): *Literary Diseases: Theme and Metaphor in the Italian Novel.* Austin: University of Texas Press.

BLOOM, Harold (1988): *The Poetics of Influence.* New Haven: Henry R. Schwab.

BRECHT, Bertolt (1980): «Against Georg Lukács». En Jameson, Fredric (ed.): *Aesthetics and Politics*. London: Verso, 60-85.
CALINESCU, Matei (1987): *Five Faces of Modernity: Modernism, Avant-Garde, Decadence, Kitsch, Postmodernism*. Durham: Duke University Press.
CHAUNCEY, George (1983): «From Sexual Inversion to Homosexuality». *Salmagundi* 58-59: 114-146.
COHEN, Ed (1987): «Writing Gone Wilde: Homoerotic Desire in the Closet of Representation». En *PMLA* 102 (5): 801-813.
COLIN, René Pierre (1979): *Schopenhauer en France*. Lyon: Presses Universitaires.
COPJEC, Joan (1989): «The Sartorial Superego» (sobre G.G. de Clérambault y *La passion des étoffes*). En *October* 50: 57-95.
CRIMP, Douglas & Ralston, Adam (1990): *AIDS demographics*. Seattle: Bay Press.
DELLAMORA, Richard (1990): *Masculine Desire. The Sexual Politics of Victorian Aestheticism*. Chapel Hill: University of North Carolina Press.
DE MAN, Paul (1971): *Blindness and Insight: Essays in the Rhetoric of Contemporary Criticism*. New York: Oxford University Press.
DERRIDA, Jacques (1987): *The Truth in Painting*. Chicago: The University of Chicago Press.
DUBERMAN, Martin (1993): *Stonewall*. New York: Dutton.
EAGLETON, Terry (1990): *The Ideology of the Aesthetic*. Oxford: Basil Blackwell.
FOUCAULT, Michel (1980): *The History of Sexuality. Volume I: An Introduction*. New York: Vintage.
FREUD, Sigmund (1976): «Pulsiones y destinos de pulsión» [1915]. En *Obras completas*. 14 vols. Buenos Aires: Amorrortu, vol.14, 105-134.
FROIDEVAUX, Gérald (1989): *Baudelaire: représentation et modernité*. S.L.: José Corti.
FUSS, Diana (ed.) (1991): *Inside/Out. Lesbian Theories, Gay Theories*. New York: Routledge.
GARBER, Marjorie (1992): *Vested Interests: Cross-Dressing and Cultural Anxiety*. New York: Routledge.
GARDINER, Patrick (1963): *Schopenhauer*. Baltimore: Penguin.

GASCHÉ, Rodolphe (1988): «The Falls of History: Huysmans's *A Rebours*». En *Yale French Studies* 74: 183-204.

GÓNGORA, Luis de (1985): *Sonetos completos*. Madrid: Castalia.

GUATTARI, Félix (1979): «A Liberation of Desire: an interview by George Stambolian». En Stambolian, G. & Marks, Elaine (eds.): *Homosexualities and French Literature: Cultural Contexts / Critical Texts*. Ithaca: Cornell University Press.

GUILLERM, Jean-Pierre (1974): «L'expérience de la peinture selon quelques textes décadents». En *Revue des Sciences Humaines* 39 (153): 11-28.

HALPERIN, David (1990): *One Hundred Years of Homosexuality and Other Essays on Greek Love*. New York: Routledge.

HEGEL, Georg Wilhelm Friedrich (1970): *On Art, Religion, Philosophy*. New York: Harper.

HUYSMANS, Joris-Karl (1974): *A Rebours*. Poitiers: Fasquelle Editeurs.

KATZ, Jonathan (1976): *Gay American History: Lesbians and Gay Men in the U.S.A*. New York: Avon Books.

KRAFFT-EBING, Richard (1965): *Psychopathia Sexualis. A Medico-Forensic Study*. New York: Putnam.

LACAN, Jacques (1973): *Les quatre concepts fondamentaux de la psychanalyse*. Paris: Seuil.

LOMBARDO, Patrizia (1987): «Huysmans, Taine et la description coloriste». En *Huysmans: une esthétique de la décadence: actes du colloque de Bale, Mulhouse et Comar* (noviembre 1984). Organizado por André Guyaux et al. Geneva: Slaktine, 145-153.

LOMBROSO, Cesare (1896): *L'uomo delinquente* [1876]. Turino: Fratelli Bocca Editori.

MAGEE, Bryan (1987): *The Philosophy of Schopenhauer*. Oxford: Clarendon Press.

MELTZER, Françoise (1987): *Salome and the Dance of Writing: Portraits of Mimesis in Literature*. Chicago: University of Chicago Press.

MOREL, Bénedict-Augustin (1857): *Traité des dégénérescences physiques, intellectuelles et morales de l'espèce humaine et des causes qui produisent ces variétés maladives*. Paris: Baillière.

MOSSE, George (1985): *Nationalism and Sexuality: Middle-class Morality and Sexual Norms in Modern Europe*. Madison: The University of Wisconsin Press.

NORDAU, Max (1892): *El mal de siglo*. Valencia: F. Sempere y Co., Editores.
— (1895): *Degeneration*. New York: Appleton.
— (1887): *Las mentiras convencionales de nuestra civilización*. Madrid: Librería Gutenberg de José Ruiz.
— (1902): *Degeneración*. Madrid: Saénz de Jubera.
SACKLER COLLECTION, The Arthur (1975): *Piranesi. Drawings and Etchings at the Avery Architectural Library*. Columbia University.
PRADOS-TORREIRA, Teresa (2005): *Mambisas. Rebel Women in Nineteenth Century Cuba*. Gainesville: University of Florida Press.
PRAZ, Mario (1956): *The Romantic Agony (La carne, la morte e il diavolo nella letteratura romantica)*. New York: Meridian Books.
SAID, Edward (1978): *Orientalism*. New York: Random House.
SADIE, Stanley (ed.) (1980): *The New Grove Dictionary of Music and Musicians*, 20 vols. New York: MacMillan.
SARDUY, Severo (1978): *Maitreya*. Barcelona: Barral.
SARTRE, Jean-Paul (1947): *Baudelaire*. Paris: Gallimard.
SCARRY, Elaine (1985): *The Body in Pain: The Making and Unmaking of the World*. New York: Oxford University Press.
SCHOPENHAUER, Arthur (1958): *The World as Will and Representation*. Indian Hills: The Falcon's Press.
SCHURÉ, Edouard (1960): *Les grands initiés*. Paris: Perrin.
SEDGWICK, Eve Kosofsky (1985): *Between Men: English Literature and Male Homosocial Desire*. New York: Columbia University Press.
— (1990): *Epistemology of the Closet*. Berkeley: University of California Press.
SELZ, Jean (1978): *Gustave Moreau*. Paris: Flammarion.
SONTAG, Susan (1988): *Aids and its Metaphors*. New York: Farrar, Straus and Giroux.
STALLYBRASS, Peter & White, Allon (1986): *The Politics and Poetics of Transgression*. Ithaca: Cornell University Press.
WALLER, Margaret (1989): «*Cherchez la Femme:* Male Malady and Narrative Politics in the French Romantic Novel». En *PMLA* 104 (2): 141-151.
WILSON, Elizabeth (1985): *Adorned in Dreams: Fashion and Modernity*. London: Virago.

Índice onomástico

A
Albisu [teatro] 57
Alonso, Martín 24
Amiel, Henri Frederic 38, 98, 135, 136, 192, 199, 208
Anderson, Mary 109
Armas, Emilio de 11, 37, 62, 70, 98, 99, 122, 134, 146, 182, 185, 193, 202

B
Baillot, A. 190
Balboa, Silvestre de 176, 181
Barthes, Roland 40, 41, 131
Bataille, Georges 24, 40, 102
Baudelaire, Charles 12, 16, 43-45, 78, 80, 98, 105, 111, 116, 139, 142, 158, 162, 163, 168, 169, 177, 187, 202, 208, 209, 211
Baviera, Luis de 16, 126, 127
Beardsley, Aubrey 14, 114
Beaver, Harold 81n, 112n
Bellini, Giuseppe 21, 141n, 175
Benjamin, Walter 104, 107, 114, 116, 187, 189, 208
Biasin, Gian-Paolo 161, 162
Blake, William 142, 158
Bloom, Harold 46
Borrero Echevarría, Esteban 132, 146, 151, 182, 185, 194
Bourget, Paul 103
Brecht, Bertold 129, 209
Byrne, Bonifacio 112

C
Cabrera Saqui, Mario 30, 38, 39, 172, 201, 202
Calinescu, Matei 153, 209
Camors, Conde de [Julián del Casal] 122
Casal de Peláez, Carmela 9, 12
Cay, María 29, 30, 33
Céspedes, Benjamín 49-59, 171, 192
Clay Méndez, Luis Felipe 176, 202
Clérambault, G. G. de 187n
Colin, R. P. 161n, 190n
Collazo, Guillermo 107
Copjec, Joan 187n
Coppée, François 61
Crimp, Douglas 32, 209
Cruz, Manuel de la 34, 36, 37, 193
Cruz, Sor Juana Inés de la 56
Chacón, Francisco 185n
Chateaubriand, François-René de 127
Chauncey, George 25n

D
Darío, Rubén 21, 22, 30, 62n, 79, 88, 96, 132, 191n, 197, 199
Deleuze, Gilles 195n
Dellamora, Richard 27n, 30n
Derrida, Jacques 148
Des Esseintes, Duc Jean 90, 142, 147, 149, 162
Douglas, Lord Alfred 192
Duberman, Martin 10n

DUPLESSIS, Gustavo 38, 39, 178

E
EAGLETON, Terry 44, 95, 96, 107, 130, 161, 209
EYSSETTE, Daniel [Luis Urbina] 62, 77, 77-81, 179, 182

F
FIGUEROA, Esperanza 30, 184, 202
FLAUBERT, Gustave 98, 142
FONTANELLA, Lee 143, 152, 202
FORNARIS, José 187
FOUCAULT, Michel 24, 31, 52
FREUD, Sigmund 156
FROIDEVAUX, Gérald 111n, 187n
FUSS, Diana 32, 209

G
GALLEGOS, Rómulo 81
GARBER, Marjorie 167, 209
GARDINER, Patrick 189n
GASCHÉ, Rodolphe 148
GAUTIER, Théophile 61, 98n
GIRALT, Pedro 49, 56-59, 171
GLICKMAN, Robert Jay 30, 36n, 74, 83, 143n, 182n
GÓMEZ CARRILLO, Enrique 102
GÓNGORA, Luis de 139, 166, 167, 210
GONZÁLEZ, Aníbal 34, 112, 114, 125
GONZÁLEZ ECHEVARRÍA, Roberto 39, 120, 139, 205
GONZÁLEZ MARTÍNEZ, Enrique 159
GONZÁLEZ STEPHAN, Beatriz 188, 205
GUANABACOA, César de [Ciriaco Sos y Gautrau] 172, 203
GUATTARI, Félix 195
GUILLERM, Jean-Pierre 144N
GUTIÉRREZ NÁJERA, Manuel 22, 79, 96, 123, 205

H
HALPERIN, David 24, 27, 210
HEGEL, Georg Wilhelm Friedrich 188, 210
HEINE, Heinrich 61
HENRÍQUEZ UREÑA, Max 29, 61, 206
HEREDIA, José María 34, 176, 181, 187
HEREDIA, José-María de 61, 98, 141
HEREDIA, Nicolás 65, 70-72, 76
HERNÁNDEZ MIYARES, Enrique 91, 96, 97, 99, 193, 203, 206
HERNANI [JULIÁN DEL CASAL] 57, 108
HUGO, Victor 61, 62
HUYSMANS, Joris-Karl 16, 66n, 98n, 139, 140, 142, 147-149, 162

J
JIMÉNEZ, José Olivio 89, 206
JIMÉNEZ, Juan Ramón 114, 193, 206
JIMÉNEZ, Luis A. 64n
JOSEF, Bella 139n
JRADE, Cathy 191n

K
KANT, Inmanuel 129
KATZ, Jonathan 52n
KEATS, John 82, 116
KEMPIS, Thomas 135, 192
KIRKPATRICK, Gwen 149, 203, 206
KLIMT, Gustav 113, 114
KOSTIA, Conde [A. Valdivia] 98
KRAFFT-EBING, Richard 36

L
LACAN, Jacques 155N
LECONTE DE LISLE, Charles-Marie 98n, 141, 190
LEZAMA LIMA, José 9, 17, 22, 23, 26-28, 31, 40, 42-46, 69, 91, 121, 124, 146, 165, 166, 177, 203-206
LITVAK, Lily 24, 206

Índice onomástico

LOMBARDO, Patrizia 66, 210
LOMBROSO, Cesare 36, 210
LOTI, Pierre 98
LUDMER, Josefina 55, 119, 206
LUGO-ORTIZ, Agnes 18, 34, 206
LUKÁCS, Georg 129, 209
LUZ Y CABALLERO, José de la 26

M

MACEO, Antonio 11, 182, 203
MAGEE, Bryan 40, 130, 189, 210
MALLARMÉ, Stéphane 98
MÁRQUEZ STERLING, Manuel 77, 203
MARTÍ, José 17, 21, 22, 85, 92-94, 99, 104, 105, 138, 158, 159, 177, 187, 203, 204, 206, 207
MAUPASSANT, Guy de 98, 129
MENÉNDEZ Y PELAYO, Marcelino 115
MEZA, Ramón 184, 203
MIGNOLO, Walter 89, 206
MOLLOY, Sylvia 18, 62, 63, 206
MONNER SANS, José María 39, 202, 203
MONTE, Ricardo del 31, 172, 203
MORA, Arturo 37
MOREAU, Gustave 16, 64, 139-156, 164, 168, 169, 180, 182, 193, 198, 202, 211
MOREL, B. A. 36
MOSSE, George 61, 100

N

NERUDA, Pablo 193
NORDAU, Max 35, 36, 53, 54, 68, 74, 126, 144, 211

O

OCAMPO, Victoria 63
OVIDIO 170

P

PAZ, Octavio 79, 124, 160, 193, 207
PEARSALL, Priscilla 34, 129, 143, 153, 183, 204
PELÁEZ, Amelia 180, 207
PEÑARREDONDA, Magdalena 10, 11
PÉREZ, Louis A. 65n, 94
PÉREZ-FIRMAT, Gustavo 46, 207
PETRARCA 167
PHILLIPS, ALLEN W. 77n
PIRANESI, Giambattista 106, 108
POE, Edgar Allan 37, 158
PONCET, Carmen 38, 204
PONTE, Antonio José 10, 204
PORTUONDO, José Antonio 38, 178, 204
PRADOS-TORREIRA, Teresa 11, 211
PRAZ, Mario 34, 211
PROUST, Marcel 88

R

RALSTON, Adam 32, 209
RAMA, Ángel 159, 207
RAMÍREZ, Serafín 85, 207
RAMOS, Julio 7, 18, 22, 112, 207
REMBRANDT 169, 170
RIMBAUD, Arthur 98
RUIZ BARRIONUEVO, Carmen 23, 204

S

SAID, Edward 71, 127, 211
SALGADO, María A. 13, 62, 207
SALMERÓN, Nicolás 35
SANTOS DE LAMADRID Y RIBALTA, Francisco 12n, 135
SARDUY, Severo 43, 90, 211
SARMIENTO, Fausto Domingo 63, 207
SARTRE, Jean-Paul 21n
SCARRY, Elaine 27n
SCHOPENHAUER, Arthur 40, 44, 129,

130, 161, 189, 190, 195, 208, 209, 210, 211
SCHULMAN, Ivan 37n, 139n, 148n
SCHURÉ, Edouard 190, 191
SEDGWICK, Eve Kosofsky 9, 24n, 25n, 31n, 32n, 48n, 88n, 192
SELZ, Jean 142
SEOANE GALLO, José 180
SILVA, José Asunción 21, 22
SMITH, Paul Julian 14, 48, 115, 207
SOMMER, Doris 30n, 81
SONTAG, Susan 32n
SPENCER, Herbert 129
STALLYBRASS, Peter 72, 108n, 121n, 122
TAINE, Hippolyte 66
TENNYSON, Lord Alfred 30n
URBINA, Luis 62, 77, 77-81, 179, 182

V

VALDIVIA, Aniceto 98
VALENCIA, Guillermo 148, 204, 211
VARONA, Enrique José 10, 50, 51, 58, 62, 65-71, 75, 76, 81-83, 85-87, 100, 114-116, 130, 144, 169, 171, 172, 181, 182, 189, 204
VENEGAS FORNIAS, Carlos 94, 208
VERLAINE, Paul 35, 98
VITIER, CINTIO 37n, 72, 73, 116, 129, 143n, 160, 176, 177, 181, 191n

W

WAGNER, Richard 126
WALLER, Margaret 30n
WHITE, Allon 72, 108n, 121n, 122
WILSON, Elizabeth 111, 211

X

XENES, Nieve 185

Z

ZAVALA, Iris 19, 35, 115, 208
ZAYAS, Francisco 26
ZENO GANDÍA, Manuel 62, 65, 75, 76, 205

Catálogo Almenara

Aguilar, Paula & Basile, Teresa (eds.) (2015): *Bolaño en sus cuentos*. Leiden: Almenara.

Aguilera, Carlos A. (2016): *La Patria Albina. Exilio, escritura y conversación en Lorenzo García Vega*. Leiden: Almenara.

Amar Sánchez, Ana María (2017): *Juegos de seducción y traición. Literatura y cultura de masas*. Leiden: Almenara.

Arroyo, Josianna (2018): *Travestismos culturales. Literatura y etnografía en Cuba y el Brasil*. Leiden: Almenara.

— (2019): *Fin de siglo: el secreto y la escritura en la masonería caribeña*. Leiden: Almenara.

Barrón Rosas, León Felipe & Pacheco Chávez, Víctor Hugo (eds.) (2017): *Confluencias barrocas. Los pliegues de la modernidad en América Latina*. Leiden: Almenara.

Blanco, María Elena (2016): *Devoraciones. Ensayos de Período Especial*. Leiden: Almenara.

Burneo Salazar, Cristina (2017): *Acrobacia del cuerpo bilingüe. La poesía de Alfredo Gangotena*. Leiden: Almenara

Caballero Vázquez, Miguel & Rodríguez Carranza, Luz & Soto van der Plas, Christina (eds.) (2014): *Imágenes y realismos en América Latina*. Leiden: Almenara.

Calomarde, Nancy (2015): *El diálogo oblicuo: Orígenes y Sur, fragmentos de una escena de lectura latinoamericana, 1944-1956*. Leiden: Almenara.

Campuzano, Luisa (2016): *Las muchachas de La Habana no tienen temor de dios. Escritoras cubanas (siglos XVIII-XXI)*. Leiden: Almenara.

Casal, Julián del (2017): *Epistolario. Edición y notas de Leonardo Sarría*. Leiden: Almenara.

Churampi Ramírez, Adriana (2014): *Heraldos del Pachakuti. La Pentalogía de Manuel Scorza*. Leiden: Almenara.

Deymonnaz, Santiago (2015): *Lacan en el cuarto contiguo. Usos de la teoría en la literatura argentina de los años setenta*. Leiden: Almenara.

Díaz Infante, Duanel (2014): *Días de fuego, años de humo. Ensayos sobre la Revolución cubana*. Leiden: Almenara.

Fielbaum, Alejandro (2017): *Los bordes de la letra. Ensayos sobre teoría literaria latinoamericana en clave cosmopolita*. Leiden: Almenara.

García Vega, Lorenzo (2018): *Rabo de anti-nube. Diarios 2002-2009. Edición y prólogo de Carlos A. Aguilera*. Leiden: Almenara.

— (2019): *Rostros del reverso. Edición y prólogo de Carlos A. Aguilera*. Leiden: Almenara.

Garrandés, Alberto (2015): *El concierto de las fábulas. Discursos, historia e imaginación en la narrativa cubana de los años sesenta*. Leiden: Almenara.

Giller, Diego & Ouviña, Hernán (eds.) (2018): *Reinventar a los clásicos. Las aventuras de René Zavaleta Mercado en los marxismos latinoamericanos*. Leiden: Almenara.

González Echevarría, Roberto (2017): *La ruta de Severo Sarduy*. Leiden: Almenara.

Gotera, Johan (2016): *Deslindes del barroco. Erosión y archivo en Octavio Armand y Severo Sarduy*. Leiden: Almenara.

Greiner, Clemens & Hernández, Henry Eric (eds.) (2019): *Pan fresco. Textos críticos en torno al arte cubano*. Leiden: Almenara.

Hernández, Henry Eric (2017): *Mártir, líder y pachanga. El cine de peregrinaje político hacia la Revolución cubana*. Leiden: Almenara.

Inzaurralde, Gabriel (2016): *La escritura y la furia. Ensayos sobre la imaginación latinoamericana*. Leiden: Almenara.

Kraus, Anna (2018): *sin título. operaciones de lo visual en 2666 de Roberto Bolaño*. Leiden: Almenara.

Loss, Jacqueline (2019): *Soñar en ruso. El imaginario cubano-soviético*. Leiden: Almenara.

Lupi, Juan Pablo & Salgado, César E. (eds.) (2019): *La futuridad del naufragio. Orígenes, estelas y derivas*. Leiden: Almenara.

Machado, Mailyn (2016): *Fuera de revoluciones. Dos décadas de arte en Cuba*. Leiden: Almenara.
— (2018): *El circuito del arte cubano. Open Studio I*. Leiden: Almenara.
— (2018): *Los años del participacionismo. Open Studio II*. Leiden: Almenara.
— (2018): *La institución emergente. Entrevistas. Open Studio III*. Leiden: Almenara.
Medina Ríos, Jamila (2019): *Diseminaciones de Calvert Casey*. Leiden: Almenara.
Molinero, Rita (ed.) (2019): *Virgilio Piñera. La memoria del cuerpo*. Leiden: Almenara.
Montero, Oscar (2019): *Erotismo y representación en Julián del Casal*. Leiden: Almenara.
Morejón Arnaiz, Idalia (2017): *Política y polémica en América Latina. Las revistas Casa de las Américas y Mundo Nuevo*. Leiden: Almenara.
Pérez-Hernández, Reinier (2014): *Indisciplinas críticas. La estrategia poscrítica en Margarita Mateo Palmer y Julio Ramos*. Leiden: Almenara.
Pérez Cano, Tania (2016): *Imposibilidad del* beatus ille. *Representaciones de la crisis ecológica en España y América Latina*. Leiden: Almenara.
Pérez Cino, Waldo (2014): *El tiempo contraído. Canon, discurso y circunstancia de la narrativa cubana (1959-2000)*. Leiden: Almenara.
Quintero Herencia, Juan Carlos (2016): *La hoja de mar (:) Efecto archipiélago I*. Leiden: Almenara.
Ramos, Julio (2019): *Desencuentros de la modernidad en América Latina. Literatura y política en el siglo xix*. Leiden: Almenara.
Ramos, Julio & Robbins, Dylon (eds.) (2019): *Guillén Landrián o el desconcierto fílmico*. Leiden: Almenara.
Selimov, Alexander (2018): *Derroteros de la memoria. Pelayo y Egilona en el teatro ilustrado y romántico*. Leiden: Almenara.
Timmer, Nanne (ed.) (2016): *Ciudad y escritura. Imaginario de la ciudad latinoamericana a las puertas del siglo xxi*. Leiden: Almenara.
— (2018): *Cuerpos ilegales. Sujeto, poder y escritura en América Latina*. Leiden: Almenara.

Tolentino, Adriana & Tomé, Patricia (eds.) (2017): *La gran pantalla dominicana. Miradas críticas al cine actual*. Leiden: Almenara.

Vizcarra, Héctor Fernando (2015): *El enigma del texto ausente. Policial y metaficción en Latinoamérica*. Leiden: Almenara.

www.ingramcontent.com/pod-product-compliance
Lightning Source LLC
Chambersburg PA
CBHW032055300426
44116CB00007B/755